CAMBIE

— SU —

MUNDO

TAMBIÉN DE JOHN C. MAXWELL

CAMBIE
— SU —
MUNDO

TODOS PUEDEN MARCAR UNA DIFERENCIA

SIN IMPORTAR DÓNDE ESTÉN

JOHN C. MAXWELL
Y ROB HOSKINS

GRUPO NELSON
Desde 1798

John
Cambie su mundo está dedicado a mi Equipo de Legado. Su generosidad y compromiso con la transformación permiten que la visión se convierta en realidad. Soñar es gratis, pero el viaje no lo es. ¡Gracias por estar junto a mí en el viaje! Con aprecio, J. M.

Rob
Este libro está dedicado al amor de mi vida, Kim. Ella me conoce, sabe lo que es mejor para nosotros y siempre nos ha defendido con pasión, nos ha estimulado creativamente y nos ha guiado con sabiduría hacia nuestro hermoso destino, y continuará haciéndolo.

CONTENIDO

Agradecimientos

John:

Quiero agradecer a todos los miembros de mi equipo que ayudaron a hacer posible este libro: Jason Brooks, Mark Cole, Linda Eggers, Carolyn Kokinda, Erin Miller, Charlie Wetzel y Stephanie Wetzel. Todos ustedes me aportaron un gran valor, a mí y a este libro. ¡Gracias por ayudarme a cambiar nuestro mundo!

Rob:

No hubiera sido posible escribir el presente libro sin el viaje de transformación de más de treinta años que todos mis colegas y el equipo de OneHope han realizado; hemos aprendido y hemos descubierto cosas juntos. Respecto a este libro en particular, quiero dar las gracias a David Branker, Chad Causey, Nicole Johansson y Tena Stone por la extensa revisión realizada, las lecturas y las excelentes contribuciones. Jenna Scott, eres una campeona, y una experta escritora, editora, investigadora y asesora. Así como son personas de élite en sus campos, también todos son muy modestos; sus contribuciones a este libro son una inversión en los demás con el objetivo de que comiencen su viaje para cambiar el mundo.

NOTA DE LOS AUTORES

El presente libro fue escrito por dos personas, lo cual puede ser a veces incómodo para el lector. O confuso. Cuando lee una frase o un párrafo, ¿quién es el que escribe? ¿John Maxwell o Rob Hoskins?

Cuando dos o más autores colaboran en la escritura de un libro, tienen que decidir cómo se van a identificar. ¿Deberíamos aclarar que yo (John) hago esto y que yo (Rob) hago aquello? Hemos visto este enfoque en libros escritos por dos personas; ambas usan la primera persona del singular «yo» y ponen entre paréntesis quién escribe en cada caso. Pensamos que es realmente incómodo.

¿Deberíamos usar dos tipos de letra diferentes y pedirle al lector que esté al tanto de quién es quién? Estamos seguros de que pronto se aburrirá. Tendría que volver al principio del libro para recordar a quién le corresponde cada tipo de letra, suponiendo que pudiera distinguirlas. Otra opción sería poner nuestros nombres al principio de cada párrafo, como en una entrevista, pero creemos que eso entorpecería la lectura.

Si estuviéramos en un escenario, sería fácil. Los dos hablamos mucho. En un evento en vivo vería nuestros rostros, escucharía nuestras voces y sabría instantáneamente quién habla en cada momento. Nos gustaría poder comunicarnos con usted personalmente, pero ya sabe que los libros no funcionan así.

Queremos que la lectura sea agradable, y tan fácil como sea posible, porque este libro es realmente sobre usted y sobre cómo puede cambiar su mundo. Entonces las cosas serán así. La voz que escucha ahora mientras lee es la de John. Rob me ha permitido amablemente tomar el papel de hermano mayor, y hacer el discurso principal. Mientras lee, esperamos que se sienta como si estuviera conversando con Rob y conmigo, pero yo soy el que más habla. Verá aquí un montón de «nosotros» y «Rob y yo», pero por favor sepa que Rob y yo somos socios iguales en las ideas expresadas en este libro y en su escritura. Lo que compartimos viene de nuestros corazones, de nuestra dedicación a cambiar nuestro mundo para hacerlo mejor y de las décadas de experiencia en invertir en los demás. Rob y yo realmente queremos ayudarlo. Cuando llegue al final del último capítulo, incluso le ofreceremos una forma de realizar acciones inmediatas para lograr un cambio positivo, si no lo está haciendo ya por su cuenta.

Así que acomódense y disfrute del viaje. Esperamos que *Cambie su mundo* le abra los ojos, y lo ayude a ver su entorno de forma diferente, a cambiar su forma de vida y a transformar el mundo que lo rodea.

CAPÍTULO 1

NO PODEMOS SENTARNOS A ESPERAR QUE LAS COSAS CAMBIEN

*La esperanza tiene dos hijos preciosos; sus nombres
son Enojo y Valentía. Enojo al ver cómo son las cosas,
y Valentía para no permitir que continúen así.*
—AGUSTÍN DE HIPONA

A Rob y a mí nos emociona que lea estas palabras, y queremos decirle algo desde el principio:
Este libro está escrito para usted,
si
quiere cambiar su mundo.
En sus páginas conocerá sobre:
Missy, una voluntaria de una escuela a la que le pidieron que compartiera su manzana, conoció a niños hambrientos, llenó mochilas con comida en su garaje y comenzó un programa que hoy proporciona alimentos a 87 000 niños.
Missy cambió su mundo.
Bryan, quien tomó el trauma y el dolor de su niñez y lo usó como motivación para crear un lugar seguro donde niños que han

sido víctimas de abuso sexual puedan vivir con esperanza, dignidad y amor incondicional.

Bryan está cambiando su mundo.

Ethan, un niño de tercer grado que puso su mano sobre su corazón y preguntó: «¿Alguna vez ha sentido aquí dentro que quiere ayudar a cambiar las cosas?».

Ethan solo empieza a cambiar su mundo.

Este libro está escrito para usted,

si

quiere cambiarse a sí mismo.

Cambiará cuando lea sobre:

Charlee, una chica que abandonó la escuela secundaria y carecía de motivación en su vida, y que luego pasó cinco meses trabajando con niños en barrios marginales de África y expresó: «Llegué a casa como una persona totalmente cambiada».

Charlee cambió y ahora transforma su mundo.

René, un hombre de México que buscó al asesino de su hermano durante diez años para vengarse, pero que aprendió el valor del perdón en las mesas de transformación, decidió perdonarlo y cambió la historia de su familia.

René cambió y su vida está mejorando.

Yomila, una tímida joven de Guatemala que al adoptar una actitud más positiva desarrolló el valor y la confianza necesarios para conseguir un mejor empleo y ahora ayuda a otras personas en los pueblos vecinos.

Yomila cambió y ahora ayuda a otros.

Este libro está escrito para usted,

si

quiere ser parte de un movimiento de transformación.

Se sentirá inspirado cuando conozca sobre:

Sam, el propietario de una empresa productora de muebles para exteriores que comenzó a hacer caretas de protección para el personal médico que enfrentaba la pandemia de COVID-19 y unió a las personas de su pequeña comunidad mientras marcaba una diferencia.

Sam ayudó a que otros crearan un movimiento en su pueblo.

Cerro Porteño, uno de los equipos de fútbol profesional más populares de Paraguay, que se unió al Club Olimpia, su rival, para enseñarles buenos valores a los jugadores en todos los niveles de su organización; y esto se está extendiendo a otros equipos y transformando la vida de los jugadores.

Un equipo ayudó a otro y dio inicio a un movimiento en su comunidad.

Roy, que descubrió que su hijo quería quitarse la vida porque estaba siendo acosado. Mientras lo ayudaba, Roy comprendió que otros padres y niños también necesitaban ayuda, así que fundó una organización que ahora ayuda a millones de niños en cuarenta y dos estados.

Roy es parte de un movimiento que está cambiando el país.

Usted tiene la posibilidad de lograr un cambio al unirse a nosotros para ayudar a otras personas o puede iniciar su propio movimiento.

Puede cambiar su mundo.

Rob y yo hemos dedicado nuestra vida a promover cambios positivos en la vida de las personas. Hemos escrito este libro para animarlo y ayudarlo a ser un catalizador para la transformación de su mundo: su familia, su lugar de trabajo, su comunidad. Si ya está transformando su mundo, esperamos ayudarlo a ser aún mejor en ello. Si todavía no participa de la tarea de lograr un impacto positivo en la vida de los demás, esperamos animarlo a comenzar, y queremos enseñarle cómo agregar valor a las personas intencionadamente, porque todos pueden marcar una diferencia sin importar dónde estén.

El mundo se va transformando a medida que cambiamos una por una la vida de las personas. Nos comprometemos a ayudar a individuos como usted para que se conviertan en una luz de esperanza dentro de su comunidad. Miles de voluntarios ya han participado de nuestros proyectos de transformación, y han ayudado a otros a aprender buenos valores y a vivir según ellos. (Puede visitar ChangeYourWorld.com para comprobarlo. Disponible únicamente en inglés). Están teniendo un impacto positivo en muchos países del mundo a través de ocho esferas de influencia: gobierno, educación, negocios, religión, medios de comunicación, artes, deportes y asistencia médica. Rob y yo imaginamos un día en el que personas de todos los orígenes, en todos los países, agreguen valor a las personas, marquen una diferencia y transformen su mundo. Ese día será realidad cuando usted y otros como usted se comprometan a hacerlo.

¿QUÉ HAY QUE CAMBIAR?

Si observamos nuestro mundo, es bastante fácil comprender que las cosas podrían cambiar para bien. ¿No sería maravilloso tener mejores escuelas? ¿Un mejor vecindario? ¿Lugares de trabajo más positivos? ¿Le gustaría tener una familia más unida? ¿Comunidades en las que las personas se lleven bien y trabajen juntas para el bien de todos? ¿No sería mejor el mundo si la gente fuera más respetuosa, unida y positiva?

Es probable que usted sepa de un modo intuitivo mucho de lo que se lee en los titulares de los periódicos. Tenemos sobradas razones para creer que nuestro mundo necesita mejorar:

- Las familias se están desintegrando en Estados Unidos; donde el 9% de los hogares en 1960 eran familias monoparentales, en 2014 su número creció hasta el 26%.[1]
- En 2014, cerca de 2,5 millones de niños se quedaron sin hogar en Estados Unidos.[2]
- La participación cívica y el voluntariado, dos características que en su momento se identificaron como fortalezas de Estados Unidos, han disminuido drásticamente en los últimos cincuenta años.[3]
- En 2015, 3,3 millones de personas fueron víctimas de delitos violentos en los Estados Unidos.[4]

- Una estimación del Instituto para la Economía y la Paz concluyó recientemente que la violencia le cuesta a la economía mundial 13,6 billones de dólares al año.[5]
- Los problemas de salud mental están aumentando[6] y empeorando.[7]
- La corrupción es un problema global.[8]
- Se estima que 40 millones de personas en todo el mundo son víctimas de la esclavitud moderna.[9]

Podríamos seguir, pero no es necesario. Los problemas que requieren nuestra ayuda están en todas partes. Seguramente todos los días ve cosas que desearía que fueran mejores de lo que son.

Sin embargo, no permita que eso lo desanime ni lo intimide. ¿Sabe que los cambios positivos son posibles? ¿Incluso los grandes cambios? Mientras trabajábamos en este libro, Rob compartió conmigo una información que me sorprendió mucho. En 2013, una encuesta sobre la pobreza extrema (vivir con menos de 1,90 dólares al día) realizó esta pregunta: «En los últimos 30 años, ¿la proporción de la población mundial que vive en extrema pobreza ha aumentado, se ha mantenido igual o ha disminuido?». He aquí las respuestas que recibió:

- El 55% expresó que la pobreza extrema había aumentado.
- El 33% dijo que se había mantenido igual.
- El 12% afirmó que había disminuido.[10]

¿Qué cree usted? Me sorprendió y me complació saber que los índices mundiales de pobreza extrema han *disminuido*. *¡Drásticamente!* Observe el siguiente gráfico y vea cómo la tasa de pobreza extrema ha disminuido constantemente desde 1800, y cómo se ha *acentuado su caída* desde la década de 1950.

Y la tasa de pobreza extrema sigue bajando. Es una gran noticia, pero rara vez oímos algo al respecto. En 2018, el Instituto Brookings informó:

Algo de enorme importancia mundial está sucediendo casi ines-
peradamente. Por primera vez desde que surgió la civilización
basada en la agricultura hace 10 000 años, la mayoría de la
humanidad ya no es pobre ni vulnerable a caer en la pobreza.
Según nuestros cálculos, ya este mes, poco más del 50% de la
población mundial, es decir unos 3800 millones de personas,
viven en hogares con suficientes gastos discrecionales para ser
considerados «clase media» o «ricos». Aproximadamente el mismo número de personas viven en hogares pobres o vulnerables
a la pobreza. Así que septiembre de 2018 marca un punto de
inflexión global. A partir de este momento, por primera vez en
la historia, los pobres y vulnerables ya no serán una mayoría en
el mundo. Salvo algún desafortunado contratiempo económico
global, esto señala el comienzo de una nueva era donde la clase
media será mayoría.[11]

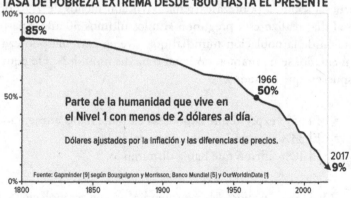

TASA DE POBREZA EXTREMA DESDE 1800 HASTA EL PRESENTE

Parte de la humanidad que vive en
el Nivel 1 con menos de 2 dólares al día.

Dólares ajustados por la inflación y las diferencias de precios.

Fuente: Gapminder [9] según Bourguignon y Morrisson, Banco Mundial [5] y OurWorldinData [1]

Esta es una gran noticia que debería llenarnos de esperanza.
Si es posible cambiar la pobreza extrema, algo que ha sido un problema durante toda la historia de la humanidad, también podemos
cambiar otros problemas, sean pequeños o grandes. El mundo puede mejorar. Las personas como usted y como nosotros podemos
lograr que así sea.

¡Que alguien haga algo!

Si el cambio es posible, ¿por qué no hacemos más para transformar nuestro mundo? El filósofo chino, Lao Tzu, expresó: «Si no cambiamos la dirección en la que vamos, probablemente terminemos en el lugar al que nos dirigimos». La realidad es que la mayoría de nosotros espera que otros hagan algo con los problemas que vemos. Queremos un cambio, pero esperamos que *alguien* en *algún lugar* haga *algo* para hacerlo realidad.

- Esperamos que el **gobierno** haga algo.
- Queremos que el **sistema de salud** haga algo.
- Creemos que la **educación** hará algo.
- Esperamos que el **sector empresarial** haga algo.
- Imaginamos que los **medios de comunicación** harán algo.
- Deseamos que las **artes y el entretenimiento** hagan algo.
- Creemos que los **deportes** harán algo.
- Esperamos que las **instituciones religiosas** hagan algo.

No obstante, la realidad es que no podemos esperar por el cambio. Aunque los factores de influencia y las instituciones que hemos enumerado anteriormente son todos beneficiosos, el resto de nosotros no puede permanecer como espectadores pasivos. Si queremos que el mundo sea un lugar mejor y esperamos que se vayan solucionando las carencias que enfrenta, entonces tenemos que cambiar. Tenemos que actuar.

> «SI NO CAMBIAMOS LA DIRECCIÓN EN LA QUE VAMOS, PROBABLEMENTE TERMINEMOS EN EL LUGAR AL QUE NOS DIRIGIMOS».
> —LAO TZU

Rob y yo hemos dedicado nuestra vida a ayudar a los demás y a dirigir organizaciones cuyo propósito es agregar valor a las personas. Hemos viajado por el mundo e interactuado con gente de todos los continentes y de innumerables culturas, y estamos convencidos de una cosa: **la transformación es posible para todo aquel que esté dispuesto a aprender buenos valores y a vivir según ellos, a valorar a las personas y a colaborar con otros para crear una cultura de valores positivos**. Eso significa que *usted* puede cambiar su mundo. No tiene que ser rico. No tiene que ser famoso. No tiene que mudarse a otro país. No necesita tener una educación. No necesita una organización y ciertamente no necesita el permiso de otra persona. Necesita *su propio* permiso. Puede lograr su propia transformación y la del mundo que lo rodea. Como expresó Mahatma Gandhi: «De una manera amable, se puede sacudir el mundo». Sin embargo, para que eso suceda, usted debe cambiar.

PRIMERO, CAMBIE SU MANERA DE PENSAR

Recientemente leí *El arte de lo posible*, de Rosamund Stone Zander y Benjamin Zander. Allí mencionan un viejo acertijo que me es familiar, los nueve puntos en una página. En realidad, lo usé como ejemplo en mi libro *Desarrolle el líder que está en usted*, pero ellos lo enfocaron de una nueva manera, que es útil para ilustrar la importancia de cambiar nuestra forma de pensar. Primero, queremos que se familiarice con el acertijo. El reto consiste en unir los nueve puntos de abajo mediante cuatro líneas rectas *sin* levantar el lápiz o el bolígrafo del papel. Si nunca lo ha visto antes, inténtelo.

●   ●   ●

●   ●   ●

●   ●   ●

¿Pudo hacerlo? A la mayoría de las personas le cuesta trabajo encontrar la forma de hacerlo. ¿Por qué? Porque no rompen los esquemas, pues la única manera de resolver el problema es cambiar la forma de pensar y apartarnos de esos esquemas de pensamiento que nosotros mismos nos imponemos. Los Zanders afirman:

> Los límites que nuestra mente crea definen, y *restringen*, lo que percibimos como posible. Cada problema, cada dilema, cada callejón sin salida al que nos enfrentamos en la vida, solo parece irresoluble dentro de un marco o punto de vista particular. Si se agrandan los límites, o se crea otro marco alrededor de los datos, los problemas se desvanecen y surgen nuevas oportunidades.

Si *piensa* que no puede cambiar el mundo, sus suposiciones entonces lo confinan dentro de ciertos límites. Los Zanders argumentan que las suposiciones que hacemos a menudo restringen nuestro pensamiento y por lo tanto limitan nuestras posibilidades, pero también explican cómo podemos cambiar:

> Usted puede cambiar el marco [de sus creencias y pensamiento] por uno cuyos supuestos subyacentes permitan las condiciones que desea. Deje que sus pensamientos y acciones surjan de un nuevo marco y verá lo que sucede.[12]

LAS SUPOSICIONES QUE HACEMOS A MENUDO RESTRINGEN NUESTRO PENSAMIENTO Y POR LO TANTO LIMITAN NUESTRAS POSIBILIDADES.

Si todavía no sabe la solución del acertijo de los puntos, aquí la tiene. Debe extender las líneas más allá de los límites que puede haber impuesto arbitrariamente alrededor de los puntos. Tiene que cambiar su forma de pensar.

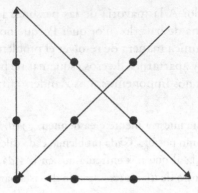

Gandhi expresó: «Para que las cosas cambien, yo debo cambiar primero». Cambiar su mundo requiere un cambio similar en su pensamiento. Debe poner en duda sus suposiciones, dejar de creer que *no puede* o *no debe* tratar de cambiar su mundo y asumir que *puede* y *debe* hacerlo. Necesita *creer* que puede hacer algo respecto a los problemas que ve. Debe *creer* que puede marcar una diferencia independientemente de quién sea, dónde esté y las condiciones que tenga. Necesita tener esperanza.

Entonces, aproveche su esperanza

No se puede sobrestimar la importancia de la esperanza real y activa para cambiar el mundo. Jonathan Sacks, en su libro *La dignidad de la diferencia*, escribió: «Una de las diferencias más importantes que he notado durante la reflexión sobre la historia judía es la diferencia entre el optimismo y la esperanza. El optimismo es la creencia de que las cosas serán mejores. La esperanza es la fe de que, juntos, podemos mejorar las cosas. El optimismo es una virtud pasiva; la esperanza es activa. No se necesita valor para ser optimista, pero se necesita mucho valor para tener esperanza».[13] Casi todos estarían de acuerdo en que el optimismo es mejor que el pesimismo, pero la idea de que la esperanza es superior al optimismo es fabulosa.

Queremos invitarlo a alcanzar ese nivel superior de pensamiento, más elevado que el pesimismo y el optimismo. Lo invitamos a convertirse en una persona llena de esperanza. Queremos ayudarlo a convertirse en alguien que posea una cantidad adecuada de descontento positivo, que crea que el mundo puede cambiar, y que sepa que puede ser una parte importante de ese cambio. Lo exhortamos a que...

> «EL OPTIMISMO ES LA CREENCIA DE QUE LAS COSAS SERÁN MEJORES. LA ESPERANZA ES LA FE DE QUE, JUNTOS, PODEMOS MEJORAR LAS COSAS».
> —JONATHAN SACKS

TENGA ESPERANZA RESPECTO A USTED MISMO

Creer en uno mismo es algo poderoso. La psicóloga Ellen J. Langer realizó un estudio que pone de manifiesto la influencia de lo que uno cree.

Exploramos la predisposición mental que la mayoría de nosotros tiene respecto a la excelente visión de los pilotos de la fuerza aérea. A todos los participantes se les hizo una prueba de visión. A un grupo de ellos se le pidió que representaran el papel de «pilotos de la fuerza aérea». Lo hicieron y, vestidos de uniforme, se sentaron en un simulador de vuelo. Se les pidió que leyeran unas letras sobre el ala de un avión cercano, que en realidad eran parte de una tabla optométrica. Los participantes que adoptaron la mentalidad de «pilotos», predispuestos a tener una excelente visión, mostraron mejores resultados que aquellos que, simplemente, leyeron una tabla optométrica desde la misma distancia.[14]

Queremos que adopte una mentalidad de «cambio mi mundo». Usted tiene mucho más control sobre su capacidad para lograr cosas difíciles de lo que cree, pero debe tener esperanza y creer en sí mismo.

¿Sabe usted por qué estoy convencido de que debe creer en sí mismo, tener esperanza para sí mismo y estar seguro de que puede cambiar para bien? Lo estoy porque yo personalmente he experimentado ese cambio positivo. Soy conocido como un experto en liderazgo, pero liderarme a mí mismo ha sido la tarea más difícil. Afortunadamente, he crecido. He mejorado en mi capacidad para hacer lo que debo hacer, cuando debo hacerlo y por los motivos correctos.

Las personas pueden cambiar. A lo largo de los años he descubierto que la gente cambia cuando suceden una o más cosas:

Las personas cambian cuando el sufrimiento las obliga a hacerlo

El impulso más básico para el cambio es el dolor. Desde el momento en que somos capaces de tomar decisiones en la infancia, instintivamente tratamos de evitarlo, pero una mejor respuesta al dolor es cambiar para que ya no nos duela. Esperamos que este libro le muestre un camino positivo hacia adelante y le brinde esperanza si está sufriendo.

Las personas cambian cuando ven lo suficiente como para sentirse inspiradas

Al principio de mi carrera me sentí inspirado al ver que el desarrollo de las personas como líderes tiene un impacto muy positivo. Descubrir que todo surge o se desploma por el liderazgo cambió la forma en que pensaba, trabajaba e interactuaba con los demás.

Quizás usted se ha sentido inspirado al ver determinadas cosas. De ser así, eso es estupendo. Si no, a medida que lea este libro, conocerá las historias de personas que vieron la posibilidad de una vida mejor o un futuro más brillante para la gente de su entorno, y decidieron actuar para catalizar el cambio. Por favor, permita que el ejemplo de ellos lo conmueva y le permita ver las necesidades que tal vez solo usted puede satisfacer.

Las personas cambian cuando aprenden lo suficiente como para querer cambiar

Uno se siente descorazonado y desmotivado cuando cree que no puede hacer nada respecto a un problema, pero cuando empieza a conocer las formas en que puede lograr un impacto positivo, uno se siente motivado a actuar.

Rob y yo creemos que usted ya tiene el deseo y la capacidad de ser un agente de cambio. Tal vez ya tenga una influencia positiva y quiera aumentar su impacto. Si este fuera el caso, o si no ha comenzado aún, este libro le proporciona un plan de acción sencillo con los pasos necesarios para impulsar cambios positivos.

La gente cambia cuando recibe lo suficiente para ser capaz de cambiar

El mundo no busca más soñadores. Busca realizadores de sueños. Brad Montague, el creador de los videos y el programa de televisión de Kid President [El chico presidente], lo expresó con claridad:

> Atrévete a soñar, pero por favor también actúa.
> Porque los soñadores son muchos, pero los hacedores son pocos.[15]

A medida que lea este libro y ponga en práctica lo que aprenda, comenzará a ver cambios en sí mismo y en las personas con las cuales interactúa, y ayudará a que los sueños de otros se hagan realidad.

Eso es lo que ha hecho Bryan Jarrett, ayudar a otras personas para que hagan realidad sus sueños al proporcionarles lo que necesitan para cambiar. Jarrett creció en un entorno familiar inestable en una pequeña comunidad agrícola del sur de Estados Unidos. Su padre a menudo desaparecía durante días o semanas, hasta que un día no volvió. Sin la presencia de su padre, Jarrett fue víctima de repetidos abusos sexuales por parte de un miembro de su familia. Empezó a beber en la adolescencia para hacer frente al abuso y para apagar la sensación de abandono que sentía.[16]

> «ATRÉVETE A SOÑAR, PERO POR FAVOR TAMBIÉN ACTÚA. PORQUE LOS SOÑADORES SON MUCHOS, PERO LOS HACEDORES SON POCOS».
>
> —BRAD MONTAGUE

Con el tiempo, Jarrett se convirtió en una persona de fe y sus heridas comenzaron a sanar. Inmediatamente quiso ayudar a los demás, especialmente a los ignorados, los menos afortunados y los desvalidos. Cuando empezó, hace casi treinta años, hizo un gran trabajo con los jóvenes. «Cuando comencé a sanar mis heridas, empecé a sentir la libertad de hablar de ello —expresó, con relación al abuso sexual que sufrió en su infancia—. Digo esto siempre: los roedores y las cucarachas juegan en la oscuridad, y cuando las luces se encienden, todos van a buscar un lugar para esconderse.

»Sentí una sensación de libertad al poder hablar de ello —afirmó Jarrett—. Al compartir mi historia, vi que miles de niños de todo el país se identificaban con ella, y entonces comencé a investigar el número de personas que admitían haber sufrido abusos sexuales».[17]

Su corazón se conmovió, y decidió que debía hacer algo al respecto. Jarrett y su esposa fundaron el campamento Lonesome Dove Ranch para ayudar a niños que habían sufrido abuso sexual y permitirles comenzar a sanar sus heridas. La mayoría de los niños a los que atienden están en hogares adoptivos temporales.

«No comencé a buscar niños en el sistema de adopción, pero fuera de él es difícil identificar a quienes han sufrido abuso sexual —expresó Jarrett—. Muchos de los niños en el sistema de adopción están allí porque han sufrido algún grado de abuso, en muchos casos abuso sexual. Fundamos Lonesome Dove Ranch en 2015 para atender las necesidades de niños que han sufrido explotación y abuso sexual. Mi respuesta nació de mi propio dolor».[18]

Cada semana el campamento alberga a cincuenta niños que son atendidos por 150 adultos, casi todos voluntarios. «Las necesidades emocionales, mentales y a veces físicas son enormes».[19] Los voluntarios en el campamento ayudan a los niños y los atienden libremente. «Damos a los niños dignidad y amor sin buscar nada a cambio —afirmó Jarrett—. A la mayoría de estos niños se les ha mostrado amor solo porque estaba planificado hacerlo. Nosotros no tenemos nada programado».[20]

Cuando a cada niño se le dedica tiempo y atención individual, el proceso de curación comienza en una semana. El éxito con los niños ha hecho posible que se abran más campamentos, por lo que ahora tienen cinco campamentos diferentes.

Jarrett tomó la aflicción que sintió, la visión que vio y las lecciones que aprendió y las usó para encender la esperanza de que él podría marcar una diferencia. Luego pidió a otros que se unieran a él, y con la respuesta que recibió, tuvo el coraje de fundar Lonesome Dove Ranch. Jarrett está cambiando su mundo, un niño a la vez. «Cuando tu pasado, tu dolor y tu pasión se superponen —manifestó Jarrett—, encuentras la zona de acción óptima de tu propósito en la vida».[21]

Usted también puede encontrar su zona de acción óptima. Usted puede ser el cambio que quiere ver en el mundo. Todo comienza con cambiarse uno mismo. Como expresó nuestro amigo Tony Evans: «Si quiere un mundo mejor, con mejores naciones, mejores estados, mejores condados, mejores ciudades y mejores barrios, y barrios iluminados por mejores iglesias y habitados por mejores familias, entonces tiene que empezar por convertirse en una mejor persona». El primer paso en ese proceso es tener la esperanza de poder lograrlo.

TENGA ESPERANZA RESPECTO A LOS DEMÁS

Los cambios que haga dentro de sí mismo le darán la confianza, la credibilidad y la esperanza para ayudar a los demás. Puede convertirse en lo que llamamos un «ayudante de la esperanza». Es necesario que sea positivo y se concentre en el cambio positivo que puede generar, y no en la situación negativa que desea erradicar. La esperanza puede llevarnos hacia algo mejor y hacer que otros vayan con nosotros.

Nos gusta el enfoque positivo del cambio que adopta la organización, sin fines de lucro, Chandler Foundation para lograr sus objetivos. Consideran que, en lugar de centrarnos en solucionar la pobreza, deberíamos construir y promover la prosperidad. ¿De qué manera? Afirman que la transformación ocurre tanto de arriba hacia abajo como de abajo hacia arriba. Desde arriba, los líderes deben tener buen carácter y ganarse la confianza de su gente. Argumentan: «Los países con culturas que muestran un elevado nivel de confianza, aquellos en los que las regulaciones y leyes son justas y se cumplen, que tienen entornos empresariales seguros y estables, y cuyos líderes son dignos de confianza, atraen el capital y la inversión, lo cual impulsa el crecimiento económico y favorece el empleo». Desde abajo, los sueños, creencias, valores centrales y habilidades de las personas las empoderan para la escalera de la movilidad social hacia la clase media, la cual es considerada como la sala de máquinas de una mayor prosperidad.[22]

Clayton M. Christensen, Efosa Ojomo y Karen Dillon, en su libro *La paradoja de la prosperidad*, están de acuerdo. Afirman: «Puede parecer contradictorio... [pero] la prosperidad duradera de muchos países no provendrá de solucionar la pobreza. Surgirá de la inversión en innovaciones que creen nuevos mercados dentro de estos países».[23]

Lo negativo en la vida puede atraer nuestra atención y hacernos ver la necesidad de cambio, pero solo al ser positivos y ayudar a crear y a ofrecer una mejor vía podemos cambiar positivamente nuestro mundo. Generar un cambio positivo en las comunidades es similar al desarrollo de las personas. Los buenos líderes se centran en las fortalezas de las personas y las ayudan a desarrollar esas fortalezas. No se centran en sus debilidades. Del mismo modo, para ayudar a que otros vivan una vida mejor, no nos centramos en sus problemas, sino en soluciones positivas que den lugar a una mejor manera de vivir.

Tenga esperanza en un futuro mejor

La periodista, Linda Ellerbee, expresó: «Lo que más me gusta del cambio es que puede ser sinónimo de "esperanza". Si te arriesgas, lo que realmente dices es: "Creo en el mañana y seré parte de él"».[24]

Eso es lo que Ruslan Maliuta hizo en Ucrania. Como Ruslan hablaba inglés, le pidieron que hiciera un trabajo de traducción para una pareja estadounidense que había ido a Kiev para adoptar una niña. Cuando se concretó la adopción, Ruslan fue testigo de la alegría de la pareja al estar con su nueva hija y ver que se entendían muy bien. Ruslan recuerda: «Era como si ya se conocieran. Encajaban, como si hubieran encontrado algo que habían perdido». Esa experiencia dejó una huella en él.

> «LO QUE MÁS ME GUSTA DEL CAMBIO ES QUE PUEDE SER SINÓNIMO DE "ESPERANZA"».
>
> —LINDA ELLERBEE

Dale Carnegie dijo: «En el mundo, la mayoría de las cosas las han logrado personas que han seguido adelante cuando parecía no haber ninguna esperanza». Esa era la situación en Ucrania en ese momento. Había quizás hasta cien mil huérfanos en el país, muchos de los cuales vivían en las calles. Ruslan comenzó a trabajar en una organización que rescataba a niños abandonados, descuidados y maltratados. Como su corazón se conmovió con estos niños huérfanos, comenzó a trabajar para encontrarles familias y hogares; y empezó a soñar con un futuro mejor para ellos y para su país. Se preguntó: «¿Y si Ucrania pudiera convertirse en un país que no tuviera huérfanos?».

Ruslan se unió a un grupo de amigos para crear ese mejor futuro que soñaba. A medida que su trabajo comenzó a tener éxito, personas de otros países le pidieron su consejo, y su visión se expandió. Eso le hizo querer ayudar a niños huérfanos, no solo en Ucrania, sino en todo el mundo. Se estima que actualmente hay entre dos y ocho millones de niños que viven en orfanatos en todo el mundo.[25] El deseo de Ruslan de cambiar su mundo, impulsado por la esperanza de un futuro mejor, le llevó a crear World Without Orphans, una red de personas que trabajan para ubicar a los huérfanos con una familia, no en instituciones. «La visión es que cada niño crezca en una familia cariñosa, bondadosa y segura», manifestó Ruslan. Actualmente el movimiento ha puesto en marcha iniciativas en treinta y ocho países, y trabaja para futuras asociaciones con otros cuarenta y siete países.[26] Tienen esperanza respecto a un futuro mejor, y eso los mantiene trabajando para lograr el cambio.

LA ESPERANZA AVIVA LA URGENCIA

Cuando usted tiene esa fuerte sensación de esperanza, ¿qué debe hacer con ella? Con demasiada frecuencia, incluso aunque pensemos que debemos hacer algo, no lo hacemos. No es que nos digamos a nosotros mismos: «Nunca haré eso». No, lo que hacemos es decir: «Lo haré mañana», pero luego estamos demasiado ocupados o bastante distraídos para hacerlo, y si *lo recordamos*, alegamos: «Hoy no tengo suficiente tiempo, lo haré mañana». Así, una vez más, perdemos la oportunidad.

¿Qué solución tiene eso? Tenemos que darle a nuestra esperanza un sentido de urgencia. Si lo piensa bien, la frase «no podemos esperar el cambio» se puede leer de dos maneras. El primer significado es que no debemos contenernos y esperar que alguien más empiece a hacer los cambios que queremos ver. Por otro lado, hay una segunda forma de interpretar la frase, es como si un niño dijera: «¡No puedo esperar a que llegue la Navidad!». Es una sensación de expectación, emoción y urgencia. Este significado es el que necesitamos adoptar, y cada uno de nosotros debe hacerlo personal e ir de «No *podemos* esperar el cambio» a «No *puedo* esperar por el cambio». Esa sensación de urgencia puede impulsarnos a la acción.

He aquí algunas observaciones sobre cómo funciona la urgencia y el efecto que tiene en nosotros.

La urgencia surge de nuestro interior

Si la gente que se resiste al cambio tuviera un tema musical, sería el viejo himno que dice: «Nada, nada me moverá», pero aquellos que quieren cambiar su mundo, deberían cantar: «¡Nada me detendrá!».

El consultor de negocios Rob Llewellyn comenta:

¿Ha notado que en este mundo las personas que hacen que las cosas sucedan valoran y comparten un similar sentido de urgencia?

Independientemente de lo que la gente se proponga lograr, ya sea en el deporte, en los negocios o en cualquier área de la vida, aquellos que se diferencian del resto mantienen un sentido de urgencia con el objetivo de ser lo mejor que puedan ser. Deciden no apartarse de lo que pretenden lograr y lo buscan con ahínco, a pesar de lo que piensen o digan los demás, porque su sentido de la urgencia es parte integral de lo que son.[27]

El cambio comienza en el interior. Tenemos que aprovechar nuestro deseo de ver el cambio y permitir que se fortalezca y se convierta en un sentido de urgencia. Luego necesitamos que ese sentido de urgencia se mantenga. Como expresó Ralph Marston, autor del sitio web The Daily Motivator [La motivación diaria]: «El éxito requiere tanto de la urgencia como de la paciencia. Sienta urgencia para hacer el esfuerzo, y sea paciente para ver los resultados».

La urgencia alimenta el deseo

Cuando se tiene la esperanza y se aprovecha el sentido de urgencia respecto al cambio, esto aumenta el deseo de ver que el cambio se produzca. Podríamos considerarlo como una especie de descontento positivo y saludable, pero sin esa urgencia, se pierde el impulso y la energía. Estamos de acuerdo con el orador motivacional Jim Rohn, quien expresó: «Un deseo pierde su valor si no existe un sentido de urgencia».

Desde hace mucho tiempo circula una historia que ha aparecido en Internet en varias formas, incluso en la poesía. La inspiración original fue una anécdota de la vida real contada por Loren Eiseley en *The Unexpected Universe* [El universo inesperado].[28] En esencia, la historia habla de un hombre que camina por la playa una mañana después de que una tormenta arrojara miles de estrellas de mar sobre la arena. Mientras el hombre camina, ve a un niño a cierta distancia que se agacha para hacer algo. Cuando se acerca, el hombre se da cuenta de que el chico está recogiendo las estrellas, una por una, y las arroja de nuevo al agua.

> «EL ÉXITO REQUIERE TANTO DE LA URGENCIA COMO DE LA PACIENCIA. SIENTA URGENCIA PARA HACER EL ESFUERZO, Y SEA PACIENTE PARA VER LOS RESULTADOS».
>
> —RALPH MARSTON

Sorprendido por la acción del niño, el hombre le dice: «Hay miles de estrellas de mar sobre la arena, hasta donde alcanza la vista. ¿Qué diferencia puede hacer?».

El chico observa por un momento una estrella que acaba de recoger. Luego la arroja al mar y responde: «Hizo una diferencia para esa».

Le mencioné a mi amiga Traci Morrow que íbamos a contar la historia de la estrella de mar en el libro, y me comentó lo mucho que la había impactado a nivel personal. Traci dijo que desde su adolescencia sabía que quería adoptar niños algún día, y que incluso antes de casarse con su esposo, K. C., habían hablado sobre adoptar y habían acordado hacerlo cuando fuera oportuno. Después de casarse, tuvieron cuatro hijos biológicos en cinco años, por lo que su vida era muy ajetreada. No obstante, cuando su hijo mayor tuvo trece años, pensaron que había llegado el momento. Su plan era adoptar dos niños de Etiopía. Sin embargo, a medida que avanzaban en el proceso, se enteraron de que había 4,5 *millones* de huérfanos en Etiopía. Esa información los abrumó tanto que se preguntaron: «¿Debemos tratar de adoptar más niños? ¿Adoptar a estos dos niños hará una diferencia?».

Quedaron paralizados, pero luego algunos amigos compartieron con ellos la historia de la estrella de mar, y eso les hizo cambiar de opinión. «La historia de la estrella de mar nos ayudó a comprender que, si bien no estábamos haciendo un impacto significativo en la crisis de huérfanos de Etiopía, adoptarlos hizo un impacto significativo en la vida de nuestros dos niños —expresó Traci. Y luego me dijo—: Hasta

> LA GENTE QUE CAMBIA EL MUNDO ES LA QUE *QUIERE* CAMBIARLO Y NO *ESPERA* PARA HACERLO.

el día de hoy, tenemos dos estrellas de mar en nuestra casa para no olvidar que es realmente importante hacer todo lo que podamos».

Rob y yo admiramos a Traci y a toda persona como ella que esté dispuesta a actuar para lograr un cambio positivo, sin importar lo pequeños que puedan parecer sus esfuerzos en ese momento. La gente que cambia el mundo es la que *quiere* cambiarlo y no *espera* para hacerlo. Ralph Waldo Emerson expresó: «Aquello que persistimos en hacer se vuelve más fácil de realizar, no porque la naturaleza de la tarea en sí haya cambiado, sino porque ha aumentado nuestro potencial para realizarla».

LA URGENCIA INFUNDE VALENTÍA

No podemos recuperar el ayer, pero el mañana es nuestro para perder o ganar. Se necesita valor para creer que lo mejor está por venir. Esa fe valiente nos ayudará a ganar mañana, y la encontramos cuando sentimos la urgencia del presente.

En su libro *Dare to Lead* [Atrévete a liderar], Brené Brown comparte un interesante descubrimiento que hizo después de hablar con un grupo amplio y diverso de líderes de alto nivel:

> Comenzamos nuestra entrevista con los líderes de más alto rango con una pregunta: *¿Qué es lo que hay que cambiar, si es que*

hay algo, en la forma en que los líderes lideran hoy para que tengan éxito en un entorno complejo y rápidamente cambiante en el que nos enfrentamos a problemas aparentemente insolubles y a una insaciable demanda de innovación?

Todos los entrevistados respondieron lo mismo: **Necesitamos líderes más valerosos y culturas más valientes.**[29]

El liderazgo es influencia, nada más y nada menos. Así que si influyes en una sola persona, eres un líder. Cuando le añades valentía a tu liderazgo, entonces creas oportunidades de cambio, lo que a su vez cambia la cultura.

LA URGENCIA LLAMA A LA ACCIÓN

Malcolm Gladwell expresó en una presentación de su libro *David y Goliat*: «Los empresarios más exitosos no solo tienen valentía e imaginación, también tienen un sentido de urgencia. No están dispuestos a esperar. Tienen un deseo ardiente de hacer algo».[30] Lo que Gladwell afirma de los empresarios también puede decirse de las personas que generan la transformación. No quieren esperar. Quieren hacer algo. Esa sensación de urgencia los impulsa a *actuar*. ¡De inmediato!

Recientemente visité una escuela que mi amigo el empresario Casey Crawford fundó en una comunidad en situación de riesgo. Mientras estaba allí, me reuní con un grupo de estudiantes de tercer grado, y un chico llamado Ethan preguntó: «¿Alguna vez ha sentido aquí dentro [y puso su mano sobre su corazón] que quiere ayudar a la gente y lograr un cambio positivo?». No podía creerlo. Observé si alguien de mi equipo había incitado al niño a hacer la pregunta, pero era evidente que sus palabras eran genuinas.

«Ethan, eso es *exactamente* lo que siento —respondí—. Todos los días siento en lo profundo de mi corazón el deseo de cambiar las cosas para bien». Luego le di un abrazo y le dije: «Vas a cambiar tu mundo».

¿Siente usted lo mismo que Ethan? ¿Siente en lo profundo de su corazón el deseo de generar un cambio positivo en la vida de los demás? No importa la edad que tenga. No importa lo que haya o no haya hecho. Nunca es demasiado tarde para hacer algo y cambiar su mundo. Un proverbio turco afirma: «No importa cuánto hayas recorrido por el camino equivocado, regresa». Usted puede tomar una nueva dirección ahora mismo y hacer algo para cambiar su mundo.

> NO IMPORTA LA EDAD QUE TENGA. NO IMPORTA LO QUE HAYA O NO HAYA HECHO. NUNCA ES DEMASIADO TARDE PARA HACER ALGO Y CAMBIAR SU MUNDO.

UNA VUELTA EQUIVOCADA CORRECTA

Recientemente, mientras conducía a su oficina en Pompano Beach, Florida, Rob hizo un giro para tomar otro camino y sintió una gran urgencia de cambiar parte de su mundo. Se detuvo como de costumbre en un semáforo a pocas cuadras del trabajo. Normalmente giraba a la izquierda para ir a su oficina, pero por alguna razón, ese día, se sintió obligado a girar a la derecha en una vía que nunca había recorrido antes. El giro lo llevó a una pequeña comunidad urbana llamada Avondale.

Mientras Rob conducía, lo que vio llamó su atención. Observó personas traficando drogas, mujeres que ejercían la prostitución en pleno día, pandilleros rodeados de niños en edad escolar que deberían haber estado en clase y madres que a todas luces habían consumido droga y miraban pasivamente a los grupos de niños que corrían por sus jardines. Lo que vio en ese radio de dos manzanas, prácticamente al otro lado de la calle de su oficina, era lo mismo que había visto en algunos de los barrios marginales de mayor riesgo que había visitado en lugares como Dharavi, en Bombay, India; Comas, en Lima, Perú y Kibera, en Nairobi, Kenya.

«Me sentí enojado —expresó Rob—. Estaba molesto por la situación de mi comunidad. Justo al otro lado de la calle de mi oficina había personas que sufrían, atrapadas por las circunstancias. Sentí el dolor de esos padres, incapaces de mantener a sus hijos. Estaba enojado por tal desperdicio del potencial humano y porque sabía que esos niños, sin culpa alguna, estaban atrapados en una prisión social de pobreza, abuso y negligencia. Pero también estaba enojado conmigo mismo, por no haber visto lo que sucedía frente a mí. Me sentí profundamente culpable; aunque ayudaba a los niños de todo el mundo, no había visto que la desesperanza vivía a mi lado».

Rob se detuvo a un lado de la carretera y lloró.

«Lágrimas corrieron por mis mejillas, pero desde lo más profundo de mi corazón, de mi enojo comenzó a surgir el valor —expresó—. Comencé a ver posibilidades, cómo generar cambios concretos, sustanciales y duraderos en la vida de mis vecinos de Avondale».

Rob estaba decidido a hacer algo. ¿Cómo podría él, líder de OneHope, no ayudar a sus vecinos cuando lidera una organización que atiende a niños en casi todas las naciones del mundo y ha ofrecido esperanza a más de mil millones de ellos, muchos de los cuales viven en los lugares más críticos y difíciles de alcanzar del planeta? Ha unido a personas en el empeño de aliviar la pobreza, detener la injusticia y prevenir el embarazo adolescente, el suicidio y la adicción en todo el mundo. Entonces, sabía que podía hacer algo para ayudar a solucionar los problemas que acababa de ver, y su sensación de enojo y convicción avivó su sentido de urgencia.

Rob salió de Avondale, y en cuanto llegó a su oficina, comenzó a contarle a su equipo lo que había visto esa mañana. Todos se sintieron conmovidos por estas tremendas necesidades, porque servir a los niños y a los jóvenes es lo que hace OneHope. Se pusieron a trabajar de inmediato. Hicieron un estudio sobre Avondale, llamaron a personas que pudieran colaborar y diseñaron un plan para ayudar a generar cambios positivos.

La investigación reveló que la comunidad estaba formada por unas tres mil personas distribuidas en novecientas viviendas. Según la Oficina de Censos de EE. UU., el área es marcada como «diversidad urbana en dificultades». Los habitantes de Avondale eran en su mayoría familias monoparentales disfuncionales, y vivían en la pobreza. Las escuelas públicas de la zona habían obtenido una calificación de «deficientes». La criminalidad estaba por encima del nivel alto. En realidad, Avondale se ubicaba en el 1% más bajo de los vecindarios de EE. UU. en cuanto a seguridad, con 776 delitos por milla cuadrada (2,5 km²) al año, lo cual contrastaba con el promedio del resto de la Florida que era 91 delitos por milla cuadrada (2,5 km²) y el promedio de EE. UU. que era 50 por milla cuadrada (2,5 km²). La gente de Avondale tenía una probabilidad de uno en cuarenta y cuatro de ser víctima de un delito y una probabilidad de un 15% de ser víctima de un delito violento, ¡más de ocho veces el promedio nacional! Las rivalidades entre bandas también creaban muchos conflictos en la zona.

A pesar del peligro, el equipo de Rob pudo descubrir más al ir de puerta en puerta y hablar con los residentes de Avondale, preguntarles sobre sus vidas, escuchar sus preocupaciones y averiguar lo que necesitaban. La respuesta número uno fue empleos; también manifestaron la necesidad de modelos de conducta para sus hijos y clases de inglés.

Rob sabía que, para ayudar a romper el ciclo de pobreza en estas familias, tendrían que enfocarse en los jóvenes. El éxito futuro de las personas que viven en la pobreza está ligado de la escuela secundaria (12° grado escolar).[31] Sin embargo, no puedes comenzar enfocándote en ayudar a los chicos de secundaria. Es necesario empezar cuando son más jóvenes. ¿Cuál es el factor determinante número uno para que los niños se gradúen de la escuela secundaria? La alfabetización en tercer grado.[32] Junto con otras intervenciones, la manera más importante y efectiva de promover un cambio generacional en esa comunidad sería a través de una buena educación, sobre todo de los niños más pequeños en la lectura.

Rob y su equipo se comprometieron a ayudar a la gente de Avondale, lo cual requirió sacrificios de su parte, así como la participación de organizaciones locales. «Avondale nos cambió drásticamente como organización —me comentó Rob—. OneHope se dedicó tanto a ayudar a esta comunidad que perdimos el espacio comercial que teníamos en nuestro edificio y lo donamos para que se convirtiera en una escuela pública independiente y una academia privada para las familias de Avondale y las comunidades vecinas». Todos los niños que asisten a la escuela, excepto el 7%, están por debajo del umbral de pobreza, pero en ella han encontrado un lugar de esperanza y amor, y están recibiendo una excelente educación.

Además de fundar la escuela y los programas de lectura extraescolares, OneHope también ayudó a los adultos. Organizaron clases de inglés como segunda lengua, realizaron ferias de salud, enseñaron técnicas de entrevista a personas que buscaban empleo, ayudaron con la alimentación de familias necesitadas y proporcionaron mentores que ayudaron a las personas a crecer.

Su trabajo colectivo ha tenido un impacto tan positivo que la delincuencia en la zona disminuyó de 776 incidentes por milla cuadrada (2,5 km²) a 200. Las relaciones entre los residentes mejoran, y la gente de Avondale tiene esperanza de un futuro mejor. No solo hay un cambio generalizado en el vecindario, sino que una de las estudiantes, a quien llamaremos Haylee, encontró esperanza y alivio en medio de una situación desesperada. La criaba su abuela porque su madre era drogadicta y su padre estaba en la cárcel.

La abuela de Haylee, que tenía varios empleos y trataba de hacer lo mejor para su nieta, la matriculó en la nueva escuela pública independiente, la cual se ha convertido en un sitio seguro para ella, y Haylee ha estado creciendo y prosperando. Sin embargo, el año pasado, la abuela recibió el aviso de que la madre de la niña había fallecido por una sobredosis de drogas. Es traumático para un niño perder a sus padres y aún más difícil cuando es a causa de una adicción a las drogas. No obstante, Haylee va a estar bien porque se encuentra en un lugar lleno de amor y apoyo.

Un amigo de la escuela, que ofrece asistencia psicológica gratuita a los niños que lo necesitan, ayudó a Haylee con su duelo. Cuando ella compartió con él su deseo de tener un saco y guantes de boxeo como una ayuda para superar sus intensos sentimientos, alguien de la comunidad escolar se aseguró de que ella recibiera esos artículos. También se corrió la voz sobre la muerte de la madre de Haylee, y personas que no la conocían recaudaron dinero para entregárselo a su abuela y ayudar en su cuidado. Aunque el dinero no solucionará todos los problemas que enfrentan, definitivamente aliviará algunos factores de estrés en tiempos difíciles.

«Cuando pienso en Haylee o cuando miro su rostro —expresó Rob—, mi mente se remonta a aquella mañana hace varios años. No puedo evitar preguntarme si era uno de los niños que vi en la calle. ¿Qué habría pasado si no hubiera hecho ese giro a la derecha?».

¿O qué habría pasado si hubiera decidido no hacer nada? ¿Su inacción habría condenado a Haylee y a su vecindario a una existencia de analfabetismo, pobreza y desesperanza? En lugar de eso, Rob ve a una joven que no es inmune a las luchas de la vida real que enfrentan ella y su abuela, pero que tiene un brillo en los ojos. Su esperanza, su seguridad y su confianza son el resultado de amorosas y transformadoras inversiones hechas por personas que se preocupan y creen que el cambio es posible.

«Mi vida dio un giro el día que pasé por Avondale —manifestó Rob—. No podía dejar de ver lo que había visto, y ninguna excusa hubiera sido lo suficientemente convincente como para permitirme continuar en mi alegre camino. Mi primer pensamiento fue: *¡Debo hacer algo para ayudar a los demás!* Pronto comencé a descubrir que el cambio que quería para ellos empezaba a cambiarme a mí. Comprendí que ayudar a los demás, ¡me ayudaba a mí!».

Haga el giro correcto

Mientras usted leía la historia de Rob, puede haber pensado: *No estoy seguro de poder hacer algo así. Parece tan abrumador. ¿Por dónde empezaría? ¿Qué haría yo? Solo soy una persona. ¿Podría realmente cambiar mi mundo?*

Rob y yo estamos aquí para decirle de todo corazón: «¡Sí puede!». Puede lograr un cambio positivo. *Puede* lograrlo porque quiere ver ese cambio y quiere vivir en un mundo mejor. Todo el mundo tiene un montón de razones para *no* hacer algo respecto a los problemas que ve. Esas razones se llaman excusas. Un sabio entrenador me dijo una vez: «Las excusas son como las axilas. Todo el mundo las tiene y todas apestan». La realidad es que podemos buscar excusas o hacer cambios, *pero no podemos hacer ambas cosas*.

De niño, uno de los dibujos animados que solía ver era *Popeye el marino*. El personaje principal, Popeye, llevaba un traje de marinero y tenía enormes antebrazos con anclas tatuadas. El apacible Popeye siempre parecía estar tratando de evitar que Bluto, un gran matón, le quitara a su novia, Olivia Olivo. En algún momento de cada historieta, Popeye ya no aguantaba más y decía: «Eso es todo lo que puedo soportar, y no puedo soportarlo más». Abría una lata de espinacas, ingería su contenido para obtener una fuerza sobrehumana, golpeaba al matón y rescataba a su chica.

> PODEMOS BUSCAR EXCUSAS O HACER CAMBIOS, *PERO NO PODEMOS HACER AMBAS COSAS.*

La solución de Popeye era comerse una lata de espinacas. Nuestra solución es comprometernos a cambiar. ¿Ve la necesidad de un cambio positivo a su alrededor? ¿Está dispuesto a aprender buenos valores y a vivir según ellos? ¿Está dispuesto a valorar a las personas? ¿Está dispuesto a ayudar a los demás, agregarles valor e invitarlos a experimentar el efecto positivo de los buenos valores y las buenas decisiones? Si responde afirmativamente a estas sencillas preguntas, entonces puede cambiar su mundo. La esperanza no está lejos. El cambio está en sus manos. No permita que nada lo disuada. Puede convertirse en un catalizador del cambio. En el próximo capítulo, Rob y yo le mostraremos cómo hacerlo.

CAPÍTULO 2

CONVIÉRTASE EN UN CATALIZADOR DEL CAMBIO

Las personas que están lo suficientemente locas como
para pensar que pueden cambiar el mundo son las
que normalmente lo cambian.

—STEVE JOBS

¿Qué significa ser un catalizador del cambio? La definición más común de la palabra viene de la química, donde un catalizador es una sustancia que causa o acelera una reacción química. Sin embargo, cuando Rob y yo usamos la palabra *catalizador*, estamos describiendo a una persona que genera un cambio positivo en su mundo a través de sus ideas, acciones e influencia.

Cuando se trata de lograr un impacto positivo en el mundo, el cambio solo se produce cuando alguien, en algún lugar, asume la responsabilidad de cambiarse a sí mismo y actúa para que otros también cambien. Sin las acciones de alguna persona, el cambio no ocurre.

UN CHICO DEL CAMPO CON LA VOCACIÓN DE AYUDAR

A menudo pensamos que cambiar el mundo es una tarea inmensa que requiere grandes planes, grandes equipos y enormes recursos. Sobreestimamos la importancia de los grandes sucesos y subestimamos el valor de las pequeñas acciones que se realizan para ayudar a los demás. Algunos de los más grandes catalizadores del cambio en el mundo dieron pequeños pasos que parecían insignificantes en su momento, sin fanfarria, reconocimiento ni recompensa. Simplemente permitieron que un paso llevara a otro, lo cual, en última instancia, condujo a un gran cambio.

Un excelente ejemplo de eso es Norman Borlaug. Cuando Rob habla en público sobre el cambio, a veces le pide a su audiencia que nombre a la persona más importante del siglo veinte. No sé cuál será su respuesta a esa pregunta, pero en opinión de Rob esa persona es Borlaug.

Norman Borlaug nació en 1914 y creció trabajando duro en la granja de su familia en Iowa. Su abuelo lo animó a continuar su educación después de la secundaria,[1] así que obtuvo un título en Silvicultura en la Universidad de Minnesota. En un momento dado tuvo que dejar la universidad para trabajar, ganar dinero y poder completar sus estudios. Sus compañeros de trabajo eran pobres y comprendió que pasaban hambre. Cuando podían conseguir comida, el impacto positivo era tal que Borlaug nunca lo olvidó. Expresó: «Vi cómo la comida los cambiaba […]. Todo eso me dejó cicatrices».[2] También lo inspiró a continuar su educación, y finalmente obtuvo títulos de postgrado en Fitopatología.

Después de graduarse en 1942, en medio de la Segunda Guerra Mundial, trabajó durante dos años con la compañía DuPont, en el campo de los compuestos químicos, para apoyar el esfuerzo bélico del país. Sin embargo, su deseo de ayudar a las personas que pasaban hambre nunca lo abandonó. Se unió al proyecto de la Fundación Rockefeller contra el hambre en México, para así poder ayudar a países que tenían dificultades en producir suficientes alimentos para su gente.[3] Borlaug pasó incontables horas en los campos, día tras día, y cruzó diferentes variedades de trigo para desarrollar plantas que pudieran producir más. Su trabajo era duro y durante décadas no fue reconocido.

Además de su experiencia personal con la escasez de alimentos, Borlaug tenía una motivación adicional. A finales de la década de 1940, el ecologista William Vogt escribió un libro titulado *Camino de supervivencia* en el que advertía que la humanidad estaba peligrosamente cerca de agotar sus recursos.[4] A finales de la década de 1960, cuando la población del planeta superaba los 3000 millones de personas, algunos científicos afirmaron que la escasez de alimentos debido a la superpoblación sería inevitable. Paul R. Ehrlich, biólogo de la Universidad de Stanford, escribió *The Population Bomb* [La bomba poblacional], cuyas palabras iniciales fueron: «La batalla para alimentar a toda la humanidad ha terminado», lo que significaba que había fracasado. Predijo que cientos de millones de personas morirían de hambre en la década de 1970, incluyendo 65 millones de estadounidenses. Creía que la India estaba condenada y que «Inglaterra no existiría en el año 2000». Estaba convencido de que el mundo estaba al borde de «un colapso total de la capacidad del planeta para sustentar a la humanidad».[5]

Mientras Ehrlich y otros señalaban problemas y predecían catástrofes, *Borlaug se dedicó a trabajar*. Hizo lo que podía hacer: usó su conocimiento de las plantas y su pasión por el cambio y ayudó a crear variedades de trigo que podían producir más. Luego de años de trabajo sosegado, desarrolló una variedad de trigo que triplicó o cuadruplicó su producción en una misma parcela. A principios de la década de 1960, muchas granjas en México utilizaban las innovaciones de Borlaug, y la producción de trigo se había sextuplicado en comparación con los primeros años de la década de 1940, cuando llegó a México.[6]

En vista de que Borlaug había sido un catalizador del cambio y había ayudado a evitar que millones de personas en México pasaran hambre, los gobiernos de la India y Pakistán le pidieron que los ayudara. El crecimiento de la población de la India estaba superando su capacidad de obtener cosechas suficientemente abundantes para alimentar a sus ciudadanos. Una vez que comenzaron a utilizar las semillas que Borlaug desarrolló en México, también la India evitó la crisis.

Debido a su trabajo innovador, Borlaug es considerado el padre de la revolución verde. Se ha reconocido que su labor científica salvó cientos de millones de vidas al evitar la escasez de alimentos. Hay incluso un 50% de posibilidades de que usted y yo hayamos consumido granos que descienden de alguna de las variedades que él desarrolló.[7]

En 1970, Borlaug fue galardonado con el Premio Nobel de la Paz por sus contribuciones a la producción mundial de alimentos. El Comité del Nobel expresó: «Más que cualquier otra persona de esta era, ha ayudado a proveer de pan a un mundo hambriento».[8] El presidente del Comité, Aase Lionæs, citó a Borlaug: «Estoy impaciente y no acepto la necesidad de que los cambios y la evolución para mejorar la agricultura y la producción de alimentos de los países emergentes sean lentos [...]. No hay tiempo que perder, si consideramos la magnitud del problema mundial de la alimentación y la población».[9] La clave de ese cambio fueron las pequeñas y sosegadas acciones que Borlaug realizó día tras día. Es revelador que cuando la notificación de que había ganado el premio llegó a su casa, a las cuatro de la mañana, Borlaug no estaba allí. Ya había salido esa mañana temprano para trabajar en el campo de trigo, y continuar con las pruebas de los cultivos.

EL CAMBIO NO SE PRODUCE POR SÍ SOLO

Norman Borlaug era una persona de acción. No solo sintió suficiente dolor como para buscar el cambio y vio lo suficiente para desearlo, aprendió lo suficiente para querer cambiar y recibió lo suficiente para poder hacerlo, sino que también fue lo suficientemente activo para *generar* el cambio. Se convirtió en un catalizador, y el trabajo que hizo no solo cambió *su* mundo, sino que también cambió *nuestro* mundo. Y no se deje engañar por sus títulos universitarios, su Premio Nobel de la Paz, ni por la magnitud del impacto que logró;

su trabajo a menudo pasó inadvertido y no fue debidamente reconocido. Las pequeñas acciones que realizó día a día, y que lo convirtieron en un catalizador del cambio, ocurrieron en campos de cultivo bajo el sol ardiente, no en una torre de marfil, pero aún así cambiaron su mundo.

La conductora del Ferrocarril Subterráneo, Harriet Tubman, dijo: «Todo gran sueño comienza con un soñador. Recuerde siempre que usted tiene dentro de sí la fuerza, la paciencia y la pasión de alcanzar las estrellas para cambiar el mundo». Aunque eso es cierto, para hacer realidad el sueño, también debe actuar. Muchas cosas en la vida *simplemente suceden*, pero el cambio positivo no es una de ellas. Cambiar cualquier cosa en nuestro mundo requiere que alguien sea el catalizador de ese cambio.

> MUCHAS COSAS EN LA VIDA SIMPLEMENTE SUCEDEN, PERO EL CAMBIO POSITIVO NO ES UNA DE ELLAS. CAMBIAR CUALQUIER COSA EN NUESTRO MUNDO REQUIERE QUE ALGUIEN SEA EL CATALIZADOR DE ESE CAMBIO.

Cuando se trata de cambiar nuestro mundo, la primera persona que se transforma es el catalizador, el agente de cambio, y luego el cambio se extiende. Eso no sucede a menos que comience dentro de una persona. En mi caso, el proceso de convertirme en un catalizador ocurrió de la siguiente manera.

EL CAMBIO COMIENZA CUANDO UNO SE INTERESA: QUIERO MARCAR LA DIFERENCIA

Cuando se le dice a alguien que puede ser un catalizador del cambio, la afirmación puede resultar intimidante. Puede parecer algo inalcanzable o demasiado grandioso. C. W. Vanderbergh escribió:

Amar al mundo entero
no es una tarea para mí;
mi única y verdadera preocupación es
mi vecino de al lado.[10]

Sin embargo, lo cierto es que interesarse a menudo comienza así de sencillo. Los inicios de la transformación son modestos y están al alcance de todos. Es simplemente pensar: *Quiero marcar una diferencia*. Si usted siente ese interés, tiene el potencial para cambiar su mundo.

> «TODOS LLEVAMOS DENTRO UN DISCURSO SOBRE CAMBIAR EL MUNDO».
> —JOHN F. KENNEDY

¿Quiere lograr de alguna manera un cambio positivo en algún área de su mundo? Si su respuesta es afirmativa, entonces tiene lo necesario para convertirse en un catalizador. Cuando el presidente John F. Kennedy anunció la creación del Cuerpo de Paz, afirmó que todos llevamos dentro un discurso sobre cambiar el mundo. Creo que en su interior usted tiene una semilla para cambiar el mundo. Solo tiene que nutrirla para que crezca.

El cambio defiende una causa: Hago algo que marque la diferencia

A medida que la semilla del cambio crece en su interior, se vuelve más perceptible. Usted comienza a entender lo que hay que hacer. Se conecta con una causa que viene del corazón, y comienza a actuar. Empieza a *hacer* cosas que tienen un impacto positivo. La mayoría de las veces son cosas pequeñas, y eso está bien. Haga suya la sabiduría que afirma: «No menosprecien estos modestos comienzos».[11] Las pequeñas acciones, realizadas sistemáticamente, conducen a grandes cambios.

En abril de 2020, durante la pandemia de la COVID-19, un amigo realizó una modesta acción que tuvo un gran impacto en la vida de otra persona. Kevin Rathel se encontraba hospitalizado con ventilación mecánica en Orlando, Florida. Los médicos habían intentado casi todo lo posible para salvarlo, pero sin éxito, parecía que iba a fallecer. Pero entonces, mi amigo James Crocker vio un mensaje en Facebook. Los doctores de Rathel querían intentar un último tratamiento para salvarlo: darle plasma de alguien que se hubiera recuperado de la

> LAS PEQUEÑAS ACCIONES, REALIZADAS SISTEMÁTICAMENTE, CONDUCEN A GRANDES CAMBIOS.

COVID-19. Buscaban a un donante de plasma. James decidió que, si era el tipo de sangre correcto, se brindaría para el procedimiento. Lo era y lo hizo. James condujo hasta Orlando desde su casa en el sur de Florida. Y funcionó. En pocas horas, Rathel recobró la conciencia y comenzó a mejorar. Al dar ese paso, James había salvado una vida.

EL CAMBIO SE EXTIENDE DE «MÍ» A «NOSOTROS»: CON PERSONAS QUE QUIERAN MARCAR LA DIFERENCIA

A medida que trabaje para lograr el cambio, y vea que este empieza a ocurrir, usted comenzará a cambiar. ¿Cómo sucede esto? El cambio positivo nos lleva a un nuevo comienzo. Poco a poco nuestras esperanzas se hacen realidad. Nuestros esfuerzos comienzan a ser recompensados. Nuestro corazón comienza a sentirse satisfecho y nuestro trabajo comenzará a ser reconocido por los demás.

En este punto usted puede convertirse en un imán para la transformación. Puede atraer a otras personas; contagiará positivamente a otras personas que quieran marcar la diferencia, incluso si no saben cómo hacerlo, pero ahora tienen un ejemplo: ¡usted! Ver que usted ha logrado marcar la diferencia hace que quieran unírsele. ¿El resultado? Unirse por una causa común origina un multiplicador de fuerzas. Sus esfuerzos crecen, ya no es solamente *yo*, ahora es *nosotros*. Es entonces cuando ser un catalizador del cambio comienza a ser realmente emocionante.

EL CAMBIO ACTÚA CON URGENCIA: EN UN MOMENTO QUE MARQUE LA DIFERENCIA

La frase «golpea el hierro mientras esté caliente» viene del oficio de herrero. Los trabajadores del metal saben que manipularlo en el momento adecuado es crucial si quieren tener éxito. Por ejemplo, para poder trabajar el acero es necesario que tenga la temperatura óptima. Si el metal está frío, no se obtendrá ningún resultado al golpearlo con el martillo. Si no está lo suficientemente caliente, incluso muchos golpes de martillo solo producirán muy pequeños cambios. Por otro lado, si el metal está demasiado caliente, puede derretirse y resultar inservible. La temperatura adecuada del acero dura unos pocos segundos. El herrero debe golpear rápidamente, porque el metal no mantiene esa temperatura por mucho tiempo.

Del mismo modo, el cambio no se producirá a menos que usted actúe. Si pierde la sensación de urgencia, su causa puede convertirse en un pedazo de acero frío. No tomará forma, y la transformación se detendrá. Por lo tanto, tiene que aprovechar las oportunidades que tiene ahora, donde usted está, y sacar el máximo beneficio de ellas. La iniciativa en el fuego logra más que el conocimiento en el hielo.

CÓMO PUEDE CONVERTIRSE EN UN CATALIZADOR DEL CAMBIO

Cuando decidí que quería lograr un cambio positivo, no tenía ni idea de cómo hacerlo. No estaba seguro de lo que haría, ni a dónde me llevaría eso ni cómo llegaría allí. Sabía que quería ayudar a la gente, así que empecé a hacer lo que podía. La Madre Teresa expresó: «Yo sola no puedo cambiar el mundo, pero puedo lanzar una piedra al agua para generar muchas ondas». No imaginaba que aquellos modestos comienzos, cuando empecé a hacer lo que podía, ya estaban generando ondas. Usted también puede generar ondas. He aquí cómo empezar:

CAMBIAR DE BUENAS INTENCIONES A BUENAS ACCIONES

Mientras escribo esto, mi padre, Melvin, tiene noventa y ocho años. Siempre ha sido mi héroe. He aprendido mucho de papá. Cuando yo era niño, una de sus adivinanzas favoritas era preguntarnos, a los chicos, sobre cinco ranas que estaban en un tronco. «Cuatro decidieron saltar. ¿Cuántas quedan en el tronco?», preguntaba.

La primera vez respondí: «Una».

«No —dijo papá—. Hay cinco. Decidir no es actuar. Tienes que hacer más que eso. ¡Tienes que actuar!».

Gracias a esas ranas sobre un tronco, aprendí que hay una gran diferencia entre las buenas intenciones y las buenas acciones:

- Las personas con *buenas intenciones* quieren agregar valor a los demás, pero encuentran razones para no hacerlo.
- Las personas que realizan *buenas acciones* quieren agregar valor a los demás y encuentran maneras de hacerlo.
- Las personas con *buenas intenciones* pueden ser pasivas, inconsistentes y decepcionantes.
- Las personas que realizan *buenas acciones* son prudentes, consecuentes y voluntariosas.
- Las *buenas acciones* representan la línea divisoria entre las palabras y los resultados.

A menudo oímos hablar de los que tienen y los que no tienen. Cuando se trata de marcar una diferencia y cambiar nuestro mundo, deberíamos hablar de los que hacen y los que no hacen.

Solemos querer que los demás nos juzguen por nuestras intenciones, pero lo que importa en última instancia no es lo que pretendemos hacer, sino lo que realmente hacemos. ¿Cómo no nos percatamos de eso? Rara vez nos decimos a nosotros mismos: «Nunca voy a hacer esta buena acción». En lugar de eso decimos: «Voy a hacerlo mañana», pero cuando llega mañana no hacemos nada. Tal vez queramos, pero no lo hacemos. Por eso la mayor brecha entre el fracaso y el éxito es la distancia que hay entre lo que *debería haber hecho* y lo que *hice*.

> LAS BUENAS ACCIONES REPRESENTAN LA LÍNEA DIVISORIA ENTRE LAS PALABRAS Y LOS RESULTADOS.

El experto en gestión, Peter Drucker, expresó: «No puede predecir el futuro, pero puede crearlo».[12] Eso es lo que usted hace como catalizador del cambio. Crea un futuro mejor al lograr su propósito. No se conforme con las buenas intenciones. No cambiarán el mundo. Concéntrese en las buenas acciones.

> «NO PUEDE PREDECIR EL FUTURO, PERO PUEDE CREARLO».
> —PETER DRUCKER

CONVIÉRTASE EN UN POSIBILISTA

Recientemente Rob compartió conmigo un gran libro del profesor y médico Hans Rosling que ha influido en la forma en que ve la creación del cambio. Aprendí una nueva palabra y un concepto estupendo:

Las personas a menudo me llaman optimista, porque les muestro un enorme progreso que desconocían. Eso me molesta. No soy un optimista. Me hace parecer ingenuo. Soy un «posibilista» muy serio. Significa alguien que no espera sin razón, ni teme sin razón, alguien que constantemente se opone a una visión demasiado dramática del mundo. Como un posibilista, veo todo este progreso y me lleno de convicción y esperanza de que es posible progresar aún más. Eso no es ser optimista, es tener una idea clara y razonable de cómo son las cosas. Es tener una visión constructiva y útil del mundo.

Cuando la gente cree erróneamente que nada ha mejorado, puede llegar a la conclusión de que todo lo que hemos intentado hasta el momento es inefectivo y pierde la confianza en medidas que realmente dan resultados positivos. Me encuentro con muchas de estas personas, que me dicen que han perdido toda esperanza respecto a la humanidad. O pueden volverse radicales, y apoyar medidas drásticas que son contraproducentes, cuando en realidad los métodos que ya utilizamos para mejorar nuestro mundo funcionan perfectamente...

Una solución que funciona para mí es mantener dos pensamientos en mi mente al mismo tiempo.

Cuando escuchamos a alguien expresar que las cosas están mejorando, al parecer pensamos que también dice: «No se preocupe, relájese» o incluso «mire para otro lado», pero cuando afirmo que las cosas están mejorando, no quiero decir nada de eso. En verdad no estoy abogando por apartar la mirada de los terribles problemas del mundo. Lo que digo es que las cosas pueden ser tanto malas como mejores.[13]

Qué gran palabra: *¡posibilista!* El enfoque de Rosling es correcto. Tenemos que hacer algo para cambiar el mundo *y a la vez* ver las cosas positivas que ocurren en él. Cuando piensa como un posibilista, usted busca de manera activa las posibilidades del mundo. Lamentablemente, a la mayoría de la gente le vendría bien la *terapia posibilista.* Son

> A LA MAYORÍA DE LA GENTE LE VENDRÍA BIEN LA *TERAPIA POSIBILISTA.*

como las personas que Rosling describió, quienes o solo ven la fatalidad y la oscuridad del mundo y pierden la esperanza, o son ciegos e indiferentes ante los problemas de su entorno.

¿Es usted un posibilista? Si su respuesta a cualquiera de estas preguntas es afirmativa, entonces lo es.

- ¿Creo que el progreso es posible, pero no fácil?
- ¿Veo las cosas como son, pero no me desanimo?
- ¿Estoy dispuesto a no apartar la mirada de los problemas que me conmueven?
- ¿Estoy dispuesto a hacer lo que pueda para que mi mundo sea un lugar mejor?

Mi amigo, Marcus Buckingham, afirma que los líderes rara vez son pesimistas. Para liderar el cambio, para ser un catalizador, usted tiene que creer que puede lograr un cambio positivo, y esa es una buena noticia, porque puede lograrlo. Que algo no se haya hecho antes no significa que no pueda ser usted el que lo haga. ¿Por qué no habría de serlo?

Muchos de los que actúan como catalizadores en el mundo son personas desconocidas, héroes anónimos que son posibilistas. Rob conoció a una de estas personas cuando visitó una escuela extremadamente pobre en Lima, Perú. Era una niña de doce años llamada Tiffany. Mientras Rob esperaba para entrar en un aula, observó unos cuadros que colgaban de la pared con dibujos de los estudiantes, y uno le llamó mucho la atención, pues desbordaba vida y esperanza.

La artista era Tiffany, una niña llena de confianza y optimismo. Cuando Tiffany invitó a Rob y su equipo, que incluía un equipo de filmación, a visitar su casa, él aceptó de inmediato. La siguieron a un barrio de ocupantes ilegales llamado San Juan de Lurigancho, pues querían entender mejor su comunidad.

«Cuanto más caminábamos, más pobre era el barrio —expresó Rob—. Al llegar a su casa, una choza, un grupo de trabajadores estaba embargando el techo por falta de pago. Su padre, un artista desempleado, estaba tan ebrio que se había desmayado. Su madre había ido a trabajar en uno de los dos empleos con los que trataba de alimentar a su familia. Vi cómo el optimismo desaparecía de la cara de Tiffany y en su lugar surgían la vergüenza y el bochorno. Me sentí muy desconsolado por su situación».

Rob inmediatamente le pidió al equipo de filmación que apagara las cámaras. Saldaron la deuda del techo para evitar que se lo llevaran, y Rob hizo todo lo que pudo para animar a Tiffany. En situaciones como estas, Rob siente en su corazón el deseo de adoptar a una niña como Tiffany, pero sabe que lo mejor que puede hacer es vincularla con personas y programas que le brinden oportunidades de desarrollarse como persona.

Entonces eso fue lo que hizo. Con un poco de ayuda y aliento, Tiffany se convirtió en la primera persona de su familia en graduarse de la escuela secundaria e ir a la universidad. Esto cambió su mundo, y pudo haber ido a cualquier lugar y hacer cualquier cosa, pero Tiffany decidió quedarse en su ciudad natal y ser una catalizadora del cambio. Fundó una pequeña escuela para niños de familias con problemas llamada Estrellitas de Amor, y está generando un cambio positivo en su comunidad al permitir que niños y niñas que nacieron en el barrio bajo donde ella nació aprendan y crezcan, para que también ellos puedan cambiar su mundo. Su ejemplo tuvo un impacto tan grande en su familia que su padre ya no bebe, y todos los días lleva el almuerzo a los escolares para apoyar la labor de su hija.

ADUÉÑESE DE LA VISIÓN DE CAMBIO

En mi libro *¡Vive tu sueño!*, una de las primeras preguntas que le recomiendo a las personas que se hagan es esta: ¿Es mi sueño realmente *mi* sueño? ¿Por qué? Porque si el sueño que busca alcanzar en realidad no es suyo, no se adueñará de él. Y si no es suyo, no hará lo que sea necesario para alcanzarlo. Su sueño se convierte en suyo cuando usted se da cuenta de la contribución que puede hacer. Para llegar a ser un catalizador del cambio sucede lo mismo. Solo si se adueña de la visión de cambio, es capaz de realizarlo.

Esto se hizo evidente en 2011, cuando me reuní con la junta de mi organización sin fines de lucro EQUIP. Acabábamos de celebrar el fantástico hito de entrenar a cinco millones de líderes de todos los países del mundo. Cuando finalmente se alcanza un objetivo importante que se ha perseguido durante más de una década, la pregunta es, ¿qué hacemos ahora? La junta y yo discutíamos qué deberíamos hacer a continuación. ¿Deberíamos tratar de entrenar a otro millón de líderes para llegar a los seis millones? ¿Deberíamos celebrar nuestra victoria, disolver la organización y dar por terminada la tarea?

Eso era lo que muchos de los miembros de la junta querían hacer, pero yo estaba convencido de que no habíamos terminado como organización. Una idea había estado creciendo en mí durante varios años, concretamente, pasar de formar líderes a transformar líderes. Los miembros de la junta querían saber más, pero en ese momento no pude aportar más detalles. No sabía cómo lo haríamos. Ni siquiera sabía cómo definir la transformación en ese instante, pero creía que debíamos actuar a pesar de no tener todas las respuestas.

Algunos de los miembros de la junta me respaldaban totalmente. Si yo lo percibía de ese modo, estaban dispuestos a apoyar la idea. La mayoría se dispusieron a apoyarme y dar algo de tiempo para resolver el asunto. Sin embargo, no todos lo estaban. Un par de miembros simplemente no estuvieron de acuerdo y se retiraron de la junta. Eso no disminuyó mi amor por ellos, pero había tomado una decisión. Incluso si tenía que hacerlo solo, me comprometería con la transformación.

Ese fue el día en que me convertí en dueño de la visión. Cuando me comprometí, di un paso tangible para convertirme en un catalizador. He aprendido que cuando siento convicción respecto a un tema, solo necesito comenzar a moverme en la dirección que creo que debo ir, incluso cuando no estoy seguro.

Un estupendo ejemplo de lo que significa ser un catalizador del cambio que se adueña de su visión de cambio es el actor, escritor, director y productor Tyler Perry. Hace un par de años aceptó hablar en un evento de Live2Lead organizado por The John Maxwell Company. La mayoría de la gente que ha seguido su carrera sabe que creció pobre y víctima de abusos en Nueva Orleans. Comenzó a escribir a modo de terapia después de ver un programa de *The Oprah Winfrey Show* en el que se hablaba de los beneficios de hacerlo. Perry comenzó su carrera cuando escribió una obra de teatro titulada *I Know I've Been Changed* [Sé que me han cambiado], y actuó en ella. La primera vez que la puso en escena, nadie fue a verla, pero cuando tuvo una segunda oportunidad, se convirtió en un gran éxito. Luego Hollywood y el resto de la nación reconocieron su valía cuando creó e interpretó en películas el personaje de Madea.

Perry es también el fundador y propietario de los estudios Tyler Perry en Atlanta, Georgia, y ha sido reconocido como el primer afroestadounidense en poseer un estudio de cine importante.[14] En una ocasión expresó: «Nunca he sido de los que llaman a la puerta y dicen: "Por favor, déjenme entrar". Siempre he tratado de hacer mi propio camino. No creo que el cambio surja de pedirle a la gente que te deje entrar. Creo que el cambio se produce al convertirnos en dueños de estudios, dueños de proyectos, dueños de contenidos».[15]

Antes de que Perry subiera al escenario para su charla, tuvimos la oportunidad de hablar sobre el liderazgo, y me contó parte de su historia. En 2006 compró una propiedad y construyó su primer estudio en Atlanta, después del éxito de las primeras películas de Madea. Pronto el lugar le resultó pequeño, así que vendió la propiedad, compró un local más grande y construyó un segundo estudio. También le quedó pequeño. Entonces compró un sitio más grande, donde imaginó que podría construir un estudio lo suficientemente grande como para no necesitar otro. Para su sorpresa, pronto también superó su capacidad.

Perry me dijo que entonces pensó: *No quiero seguir haciendo esto*. Lo último que quería hacer era tener que construir de nuevo. Solo deseaba seguir con sus películas y programas de televisión. Sin embargo, luego pensó en toda la gente que ya trabajaba para él y en todo el personal adicional que podría emplear. Así que fue en busca de un espacio aún mayor. En 2015 compró parte de Fort McPherson, un lugar histórico en Atlanta. Pasó cuatro años construyendo allí y lo convirtió en una de las instalaciones de producción más grandes del país, con doce sets de rodaje, doscientos acres (80 hectáreas) de áreas verdes, un plató de exteriores y oficinas.[16]

> «RECORDEMOS: UN LIBRO, UNA PLUMA, UN NIÑO Y UN MAESTRO PUEDEN CAMBIAR EL MUNDO».
> —MALALA YOUSAFZAI

«Cuando puedes *darte el lujo* de renunciar, *no puedes* darte el lujo de renunciar», me dijo Perry, y me explicó que cuando has triunfado, ya no *necesitas* hacer más. Sin embargo, es ahí cuando *puedes* hacer más, más de lo que has hecho antes. Es entonces cuando puedes marcar la diferencia más grande. Adueñarse de la visión de cambiar el mundo le ha permitido influir positivamente en miles de vidas; su compromiso constante no solo significa que influirá de forma positiva en un mayor número de vidas en el futuro, sino que dejará un legado que vivirá después de él. Su sentido de propósito, su *porqué*, es más grande que él, y permanecerá. Perry es un testimonio vivo de algo que afirmó la activista por la educación Malala Yousafzai: «Recordemos: un libro, una pluma, un niño y un maestro pueden cambiar el mundo».[17] Tyler Perry empezó de niño con una pluma y un sueño. Mírelo ahora.

USE LOS CAMBIOS QUE HA LOGRADO EN EL PASADO COMO INSPIRACIÓN PARA EL CAMBIO FUTURO

Todo cambio por el que usted haya luchado con éxito en el pasado debería inspirarle a creer que de nuevo puede lograr cambios en el futuro. Esos cambios, incluso los internos graduales, le ayudarán a hacer cambios en su mundo. El filósofo griego Plutarco expresó: «Lo que logremos internamente cambiará la realidad externa».

Creo en el principio de que «si yo lo hice, entonces usted también puede hacerlo». ¿Por qué? Porque he visto esa transformación en mí. Pasé de ser un individuo inseguro y complaciente a ser un líder. He pasado de ser alguien obsesionado con alcanzar las metas a ser alguien que aprende de por vida y que nunca espera llegar, alguien centrado en el crecimiento en lugar de centrado en los objetivos. He pasado de ser una persona esencialmente egoísta a ser alguien que quiere agregar valor a los demás. He cambiado y eso me permite ayudar a otros a cambiar. También inspira dentro de mí una pasión para promover el cambio en otras personas. Necesitamos cambiar para llevar el cambio a los demás. Los sueños no se miden por el tamaño del proyecto, sino por el nivel de fe y el grado de cambio dentro de la persona que lo lidera.

INVITE A OTROS A UNIRSE A LA CAUSA

Cuando usted se convierte en un catalizador del cambio, una de las cosas más importantes que puede hacer es invitar a otros a unirse a la causa. Tan pronto como otra persona trabaja a su lado y recibe la influencia de lo que usted hace, usted se convierte en un líder, un líder cuyo *porqué* es más grande que usted. Martin Luther King Jr. expresó lo siguiente acerca de la importancia de los líderes en relación con el cambio: «Permítanme subrayar la necesidad de un liderazgo valiente, inteligente y dedicado [...]. Líderes de integridad probada. Líderes que no estén enamorados de la publicidad, sino de la justicia. Líderes que no estén enamorados del dinero, sino de la humanidad. Líderes que puedan someter sus egos a la grandeza de la causa».[18]

> CUANDO USTED SE CONVIERTE EN UN CATALIZADOR DEL CAMBIO, UNA DE LAS COSAS MÁS IMPORTANTES QUE PUEDE HACER ES INVITAR A OTROS A UNIRSE A LA CAUSA.

Por favor, no se deje intimidar ni desalentar por la descripción que hace King de los líderes que se necesitan para una causa importante. No tiene que ser alguien del calibre de King para lograr un cambio positivo. El liderazgo es influencia, nada más y nada menos. Usted puede y debe influenciar a otras personas para que trabajen a su lado. Lograr el cambio requiere de una diversidad de talentos y habilidades. Su tarea es darle a todos los que se le unan permiso para trabajar según sus dones, e invitarlos a ser parte de la historia. Si usted no es un buen orador público, encuentre a alguien que lo sea. Si tiende a ser un escéptico, busque el equilibrio al invitar a alguien que sea optimista. ¿Por qué? Ninguno de nosotros es tan inteligente como todos nosotros.

Le recomendamos que empiece por reunir a sus amigos y familiares. Ya tiene influencia en ellos, y ciertamente ya tienen ideas afines, al menos en algunas áreas. Si no está seguro de cuánta influencia tiene, responda a estas preguntas con los nombres de todas las personas que se le ocurran para cada una:

- ¿Quién lo escucha cuando habla?
- ¿Quién le pide consejo?
- ¿Quién respeta su experiencia?
- ¿Quién sigue sus recomendaciones?
- ¿Quién busca su opinión?
- ¿Quién disfruta trabajar a su lado?
- ¿Quién lo apoya?
- ¿Quién valora su tiempo?
- ¿Quién comparte las cosas positivas de usted con los demás?
- ¿A quién le agrega usted valor?

Estas son las primeras personas con las que debería hablar sobre su causa. Son los que más probablemente se unan a usted porque, como expresa el principio de la amistad en el libro *Cómo ganarse a la gente*: «En condiciones normales, la gente trabaja con personas que le agradan. En condiciones no normales también lo hará». He aquí cómo puede comenzar a reunirlos.

Comparta su pasión

Lo más importante que puede hacer es hablarles con el corazón sobre el cambio que quiere lograr y lo que quiere hacer para lograrlo. Hágale saber a esas personas lo importante que es eso para usted y por qué. La pasión es contagiosa entre personas de ideas afines. Úsela para expresar la visión.

Pregúnteles lo que piensan

Una vez que haya compartido su pasión, no trate de convencerlos respecto a su causa. En lugar de eso, pregúnteles lo que piensan y escúchelos de verdad. Preste atención no solo a sus palabras, sino también a su lenguaje corporal. Haga preguntas de seguimiento. Intente determinar si se identifican con su idea, si no los conmueve o si están en algún punto intermedio.

Invítelos a mejorar sus ideas

Usted sabe que no tiene todas las respuestas y ellos también lo saben. Invítelos a que aporten sus ideas, es posible que puedan mejorar las suyas o sugerirle otras aún mejores. Pedir una opinión también aumenta la aceptación. Si hay personas indecisas, el proceso de contribuir con ideas puede atraerlas y aumentar su conexión con usted y con la causa. Cuando la gente contribuye con ideas, el sueño también comienza a ser suyo.

Pregúnteles si esto es algo que pueden hacer juntos

Cuando termine una conversación sobre su causa, no deje las cosas ambiguas. Sea audaz. Pregúnteles si estarían dispuestos a unirse a usted para marcar una diferencia. Aquellos que cambian su mundo influyen en otras personas para que piensen, hablen y actúen de manera tal que haya un impacto positivo en sus vidas y en las de los demás. No deje eso al azar, pero si tiene que convencerlos de que vean la visión, tendrá que convencerlos de que actúen. Usted quiere compañeros, no prisioneros. Así que dé la bienvenida con alegría a los que estén dispuestos a formar parte de su equipo y permita que los no comprometidos sigan su propio camino.

CONCÉNTRESE EN LO QUE PUEDE HACER

El multimillonario filántropo, Bill Austin, expresó: «No podemos cambiarlo todo, pero podemos cambiar algunas cosas».[19] Las preguntas que debe hacerse son: ¿Qué *puedo* cambiar? ¿Qué *puedo* hacer extraordinariamente bien? ¿En qué *logro* el nivel más alto de desempeño? ¿Con qué acciones siempre *logro* un impacto positivo? En eso es en lo que debe centrarse.

Mientras leía esas preguntas, ¿qué le vino a la mente? ¿Sabe con certeza en qué debería centrarse? Si no es así, tal vez necesite enfocar las cosas desde otro punto de vista. El psicólogo organizacional, Benjamin Hardy, expresó: «El verdadero aprendizaje ocurre cuando se puede ver lo mismo con nuevos ojos. Lo llaman la Revolución de Copérnico. Por ejemplo, cuando nosotros, como pueblo, nos dimos cuenta de que el sol no giraba alrededor de la tierra, sino al revés. Esa comprensión cambió la forma en que veíamos todo. Veíamos el mismo fenómeno, pero desde una nueva perspectiva».[20]

> USTED NUNCA SERÁ LO QUE DEBE SER HASTA QUE HAGA LO QUE DEBE HACER.

¿Cómo puede desarrollar una nueva perspectiva? Tiene que intentar mirarse a sí mismo objetivamente. Su mejor contribución se basará en:

- Sus dones
- Sus éxitos del pasado
- Sus pasiones
- Sus oportunidades

Tómese un tiempo y anote en un papel estos aspectos. Si tiene dificultad para identificarlos, pídales a otras personas que lo conozcan bien que compartan con usted sus observaciones. Luego trate de determinar cómo se complementan.

¿Por qué es esto importante? Hay varias razones. En primer lugar, aquello en lo que usted se enfoca se desarrolla. En segundo lugar, aquello en lo que se enfoca moldea la forma en que se ve a usted mismo; impacta su futuro. Y tercero, usted nunca será lo que debe ser hasta que haga lo que debe hacer.

Haga algo

El padre de Rob, Bob, fundó OneHope en 1987, y siempre ha comprendido la importancia de actuar. Rob a menudo ha escuchado a su padre decir: «¡Simplemente haga *algo*!». Cuando alguien le planteaba una necesidad urgente a Bob, su respuesta era siempre: «¿Y qué va a hacer *usted* al respecto?». El ejemplo de su padre, de ver una necesidad *y* actuar, ha influido en la forma en que Rob lidera OneHope y las muchas otras iniciativas y movimientos de los que forma parte. Según Duane Mellor, un líder que ayudó a implementar los cambios positivos en Avondale: «La acción más pequeña es mayor que la intención más grande».

Ahora es el momento de *hacer* algo. Es adecuado empezar incluso cuando no se tienen todas las respuestas. Haga lo que sabe hacer. No necesita conocer cada paso del camino. No hay soluciones mágicas. No hay un plan perfecto. Concéntrese en el propósito, no en buscar la perfección. Cuando se trata de lograr un cambio positivo, no es posible quedarse quieto, o se avanza o se retrocede. Comience a avanzar e invite a otras personas a incorporarse. Si no lo hace, es posible que dentro de un año mire hacia atrás y desee haber comenzado hoy. Cuando empecé con la organización EQUIP, no tenía idea de que capacitaríamos a millones de líderes. Cuando Rob se hizo cargo de OneHope, no sabía que la organización lograría ayudar a niños

> «LA ACCIÓN MÁS PEQUEÑA ES MAYOR QUE LA INTENCIÓN MÁS GRANDE».
> —DUANE MELLOR

en casi todos los países del mundo. Simplemente avanzamos con la esperanza de marcar una diferencia.

Su objetivo es mejorar las cosas de cualquier forma que sea posible. Piense en lo que puede ser *mejor*. El cambio gradual es mejor que la situación existente. El autor y presidente emérito de ServiceMaster, William Pollard, expresó: «Sin cambio no hay innovación, creatividad ni incentivo para mejorar. Quienes inicien el cambio tendrán una mejor oportunidad de manejar aquel cambio que es inevitable». ¿Preferiría participar en el cambio positivo o simplemente ser arrastrado por el cambio negativo que sucederá sin usted? Nosotros preferimos ser catalizadores de un cambio positivo sin condiciones previas, y creemos que usted también lo prefiere.

Un corazón para Bangladesh

Cuando usted está dispuesto a dar pequeños pasos y convertirse en un catalizador, no se sabe realmente hasta dónde pueda llegar ni la magnitud del impacto que pueda lograr. Si le hubiera preguntado a María Conceição cuando era una niña qué tipo de impacto tendría en los demás, dudo que hubiera imaginado hacer una pequeña parte de lo que realmente ha hecho.

Conocí a María en Dubái en una conferencia en la que ambos íbamos a participar como oradores. Me contó algo de su historia, y quedé sorprendido. Nos hicimos amigos, y cuando llegué a casa, busqué información para saber más sobre ella.

María nació en Avanca, un pequeño pueblo de Portugal. Cuando tenía dos años, su madre, que estaba enferma, fue a Lisboa a buscar trabajo, y María se quedó con una inmigrante angoleña llamada María Cristina Matos que trabajaba como limpiadora.[21] Lamentablemente, la madre de María nunca regresó de Lisboa. A pesar de tener seis hijos propios que alimentar y cuidar, la señora Matos crio a María como si fuera suya, incluso yendo en contra de las autoridades que querían llevarse a la niña y ponerla en un hogar adoptivo temporal.[22]

La señora Matos murió cuando María tenía nueve años, y a los doce tuvo que dejar la escuela y comenzar a trabajar para mantenerse, limpiando casas. Se dedicó de lleno al trabajo. «Pensé, si tengo que ser una limpiadora, entonces seré la mejor limpiadora que haya», expresó María. Trabajaba duro, pero también soñaba con viajar por el mundo. A los dieciocho años dejó su país natal en busca de una vida mejor. Se esforzó en su trabajo, aprendió inglés y francés y comenzó a conseguir mejores empleos en restaurantes. Finalmente, mientras estaba en Inglaterra, solicitó un puesto de azafata en la aerolínea Emirates, con sede en Dubái, y obtuvo el empleo.[23]

Su trabajo la llevó a muchos lugares, entre ellos a Bangladesh. Lo que vio allí la conmovió, le causó dolor y la inspiró. «En 2005, estuve en Daca y visité los barrios marginados —expresó—. Vivían en casas improvisadas rodeadas de mucha basura y suciedad. La escasez de recursos y de medios de vida en los barrios marginados era terrible, por lo que empecé a ayudar, de una manera limitada, para empezar».

A María le impresionó sobre todo la situación de las niñas. Por lo común, sus familias las trataban como un bien y las casaban a los trece años. A los dieciocho, normalmente tenían cuatro o cinco hijos y quedaban atrapadas en la pobreza de por vida.

En lugar de alejarse, María decidió hacer algo. «Comencé a pasar todas mis vacaciones en Bangladesh. Les prometí a 101 familias, a las que pertenecían 600 estudiantes, que haría todo lo posible para sacar a sus hijos de la pobreza, la esclavitud y la indigencia. Muchas personas en Dubái me ayudaron a construir la comunidad y varias instalaciones, incluida una escuela».[24]

María trabajó con empresas patrocinadoras y personas influyentes en Dubái para ayudar a los pobres de Bangladesh. Sin embargo, cuando golpeó la recesión en 2009, las donaciones y la financiación desaparecieron de la noche a la mañana. María no permitió que eso la detuviera. Ahora que se había convertido en una catalizadora del cambio, no iba a dejar que nada le impidiera lograr un impacto positivo. Para buscar otra manera de recaudar dinero, se dirigió a Internet. Descubrió que el mejor camino era hacer algo para llamar la atención y realizar campañas benéficas para recaudar fondos. Sin experiencia, ni un talento atlético especial, se entrenó para escalar una montaña, y en 2010 subió a la cima del monte Kilimanjaro.

No obstante, el esfuerzo no recibió la atención que esperaba, así que se propuso otro objetivo. En 2011 hizo una expedición al polo norte y se convirtió en la primera mujer portuguesa en hacerlo. Ese año también caminó un maratón en cada uno de los siete emiratos de los Emiratos Árabes Unidos, en siete días.[25]

Logró captar la suficiente atención para que una prominente escuela en Dubái becara a cinco niños de los barrios marginados de Daca una educación hasta los dieciocho años.[26] Aun así, también se sintió frustrada de que el impacto de sus esfuerzos fuera tan efímero.[27] Decidió que necesitaba hacer algo realmente grande. Escalaría el monte Everest. Después de entrenar durante un año, hizo el intento y subió a su cima en 2013. «No fue por alcanzar la gloria que me propuse esta expedición —afirmó María—. Fue una medida desesperada [...] para ayudar a los niños de los barrios marginados de Daca. Quería que pudieran vivir con dignidad y darles las oportunidades que yo tuve cuando era joven».[28] Aunque no logró su objetivo de recaudar un millón de dólares con su ascenso, pudo comenzar a llamar la atención para su causa.

Luego de este éxito, intensificó sus esfuerzos y realizó una hazaña tras otra. Su principal don no era el talento atlético, sino la determinación. Posee varios récords mundiales Guinness, entre ellos el de más días consecutivos en los que una mujer ha corrido un ultramaratón oficial y el de menor tiempo en que una mujer ha corrido un ultramaratón en cada continente.[29] Después comenzó a participar en competiciones de Ironman. Incluso intentó cruzar a nado el canal de la Mancha solo un año después de aprender a nadar. Se describió a sí misma como «una pequeña niña de pueblo, de origen pobre, que enfrenta este loco desafío».[30] Sin embargo, sus esfuerzos dieron fruto. Después de quince años, los estudiantes a los que ella ayudó inicialmente ahora estudian en universidades alrededor del mundo.

Inspirado por la historia de María, la invité a que hablara ante tres mil de mis entrenadores en Orlando. Fue tan apasionada que todos en la sala se motivaron para apoyar su causa y en cuestión de minutos donaron 150 000 dólares, pero su camino no ha sido fácil. Afirmó que siempre ha sido un desafío «ser tomada en serio en países o sociedades en las que se supone que las mujeres no son fuertes, o no son tomadas en serio como líderes». Expresó que, en el caso de Bangladesh, específicamente, uno tiene que «demostrar su valor, probar que tiene razón. Hay que ser una mujer de acción, y creo que es igual en el resto del mundo. La acción es lo que hace que las cosas se hagan».[31] Habló como una verdadera catalizadora.

> EXPERIMENTO ALGO TAN TRANSFORMADOR QUE CAMBIO. COMPARTO ALGO TAN TRANSFORMADOR QUE USTED CAMBIA. PROMOVEMOS ALGO TAN TRANSFORMADOR QUE CAMBIAN LOS DEMÁS.

Maria Conceição ha experimentado el ciclo del cambio y se ha convertido en una catalizadora. También sucedió así con Norman Borlaug, Tyler Perry y Tiffany de Perú. Cada uno de ellos tiene un conjunto de habilidades diferentes, un origen diferente, pero todos están marcando la diferencia. Y usted también puede hacerlo. El ciclo del cambio es así:

Experimento algo tan transformador que cambio. Comparto algo tan transformador que usted cambia.

Promovemos algo tan transformador que cambian los demás.

El proceso comienza con usted. La escala de lo que haga no importa. Si está dispuesto a aceptar el cambio y a actuar, el proceso de transformación ha iniciado. Ya ha comenzado a convertirse en un catalizador, y puede cambiar su mundo.

CAPÍTULO 3

TODOS NOS NECESITAMOS MUTUAMENTE

Puedo hacer lo que usted no puede, y usted puede hacer lo que yo no puedo; juntos podemos hacer grandes cosas.

—MADRE TERESA[1]

El 25 de marzo de 2020, Sam Yoder, propietario de una empresa en Berlín, Ohio, recibió una llamada de un amigo de negocios en Akron. Esto ocurrió durante el auge de la pandemia de la COVID-19. En diciembre del año anterior, funcionarios chinos habían confirmado que una misteriosa enfermedad con síntomas similares a la neumonía estaba afectando a docenas de personas en la ciudad de Wuhan. Menos de dos semanas después, los medios estatales chinos informaron de la primera muerte conocida ocasionada por lo que se identificó en ese momento como un coronavirus. El virus se propagó rápidamente a otros países del mundo en enero, aun cuando las autoridades chinas cerraron Wuhan a finales de mes. Se produjeron casos en Europa, en otras partes de Asia, en el Cercano Oriente, en Estados Unidos y finalmente en Sudamérica.

El 12 de marzo, la Organización Mundial de la Salud declaró que la enfermedad ya era una pandemia.[2]

¿QUEDARSE EN CASA EN AISLAMIENTO?

El 22 de marzo, Mike DeWine, el gobernador de Ohio, donde vivía Sam, dio la orden de quedarse en casa para la población del estado. La orden incluía la directriz de cerrar todos los negocios no esenciales. Entre ellos estaba la compañía de Sam, Berlin Gardens, fabricante de mobiliario de jardín, glorietas, hogueras y otros artículos de exterior. La directriz era dolorosa para Sam. Significaba que tenía que cerrar su negocio y enviar a todos a casa. A pesar de que tendría que quedarse sin ingresos, trató de buscar una forma de pagarles a todos sus empleados por cuarenta horas a la semana mientras estaba cerrado. «Una de las convicciones que tengo es que hay que cuidar de nuestra gente primero, y luego todo lo demás empezará a ir bien», manifestó Sam.[3]

Sam se entusiasmó cuando TKM Print Solutions, un taller de impresión, rotulación y fabricación personalizada, se puso en contacto con él. Con la propagación del virus por todo el país, había escasez de protectores faciales plásticos para el personal médico. Se necesitaban *millones* de ellos. TKM quería hacer algo para resolver ese problema, pero no podían hacerlo ellos solos. Podían suministrar los materiales necesarios para fabricar los protectores, pero no tenían la mano de obra ni las instalaciones para producirlos. Los empleados de Sam en Berlin Gardens estaban acostumbrados a trabajar con plástico. Normalmente fabricaban muebles de plástico reciclado. La pregunta era si estarían dispuestos a trabajar junto con TKM para producir los protectores faciales. Sam pensó que esta podría ser una manera de mantener a sus empleados trabajando.

Esa tarde, Sam, su equipo de dirección y el personal de TKM se reunieron en el aparcamiento de una tienda de bricolaje cercana. Conocieron que la necesidad de protectores faciales era mayor en Connecticut, con un pedido de 150 000 para el 30 de marzo, ¡y faltaban tan solo cinco días![4] Analizaron si sería posible, y la esperanza de Sam creció. Aunque parecía una tarea de enormes proporciones, podría ser una manera de mantener a su personal empleado y a la vez brindar una ayuda importante durante la pandemia.

¿O TRABAJAR JUNTOS?

A la mañana siguiente, Sam y su equipo se reunieron en las instalaciones de Berlin Gardens para tratar de determinar cómo podrían lograrlo. ¿Podrían utilizar el área dedicada a la fabricación de muebles para hacer los protectores faciales? Montaron una línea de producción e hicieron cuarenta protectores para comprobar el proceso. Al parecer era posible, así que enviaron los protectores a Connecticut para que los inspeccionaran y asegurarse de que cumplían los estándares necesarios.

Cuando Sam recibió la aprobación, avisó a sus empleados y comenzaron a trabajar. Mientras tanto, TKM comenzó a enviar las láminas de plástico transparente de cuatro por ocho pies (1,20 m por 2,40 m) necesarias para fabricar los protectores. Comenzaron a trabajar con todos sus casi cien empleados. No alcanzaron la primera meta de 150 000 protectores, pero pudieron producir casi 90 000 para el 30 de marzo. Algunos de ellos se utilizaron en el Yale New Haven Hospital.[5]

Todos los empleados de Sam se habían reincorporado al trabajo, y pronto comenzaron a producir entre treinta y treinta y cinco mil protectores al día. También los embalaban y los preparaban para la transportación, todo ello manteniendo las reglas de distanciamiento social. El dinero que la empresa recibía por la fabricación de los protectores casi cubría la nómina de Sam, quien había estado dispuesto a pagar a sus empleados por quedarse en casa. Así que fue algo muy beneficioso para todos, pero eso no fue lo mejor.

Los empleados de Sam, que estaban acostumbrados a trabajar dispersos en siete edificios, trabajaban ahora juntos en un mismo local. Algunos que normalmente no se veían todos los días ahora lo hacían y podían reavivar las amistades. Conversaban mientras trabajaban. Sam se movía de un lado a otro y hablaba con todos, les preguntaba cómo les iba, y si había formas de mejorar el proceso de fabricación. Escuchaba los consejos sobre cómo trabajar mejor, de forma más inteligente y más rápido. Todos se sentían parte del esfuerzo y compartían un fuerte sentido de comunidad.

Para inspirarlos, Sam colocó grandes pantallas que mostraban las metas del día y se actualizaban cada vez que terminaban una nueva caja del producto. Eso les hizo querer trabajar más duro. Sam les comunicó que, si llegaban temprano a la meta, podían irse a casa y se les pagaría por la jornada completa. «Estamos en un frente de batalla de una guerra. Cada protector facial que hacemos protege al personal de primeros auxilios, y a otros, de las balas del virus», les dijo Sam. Durante el pico de la producción, fabricaron un protector facial cada quince segundos. Todos tenían la sensación de que realmente estaban marcando la diferencia. Estaban salvando vidas.

Sam manifestó que el esfuerzo realizado le dio a su comunidad el impulso que necesitaba; les hizo sentir que estaban derrotando al virus. Ese sentimiento era tan fuerte que otras personas de la comunidad iban cada noche y llevaban comida para los trabajadores que laboraban todo el día. No solo eso, ¡muchos de ellos preguntaron si podían trabajar como voluntarios en la línea de producción y hacer protectores también! A menudo se quedaban y trabajaban hasta las ocho de la noche, solo para ser parte de la experiencia de cambiar su mundo.

> «LO ÚNICO QUE NOS LIMITA EN TIEMPOS DE CRISIS ES NUESTRA FALTA DE CREATIVIDAD. ESO Y RECONOCER QUE TODOS NOS NECESITAMOS MUTUAMENTE».
>
> —SAM YODER

«¡Nos sentimos humildes y bendecidos por poder ser parte de este esfuerzo para contribuir a la protección de los que están en el frente! —expresó Sam—. Pasar de no saber por cuánto tiempo podríamos pagar nuestra nómina a tener suficientes ingresos para cubrirla y además ayudar a la industria médica es algo realmente asombroso».

Sam es un buen hombre y un buen líder. El trabajo que realizaron él, sus empleados, TKM y todos los demás es un testimonio de lo que se puede hacer cuando las personas están dispuestas a trabajar juntas. Sam expresó: «Lo único que nos limita en tiempos de crisis es nuestra falta de creatividad». Además de la creatividad, necesitamos reconocer que todos nos necesitamos mutuamente.

VERDADES TRANSFORMADORAS

A medida que trabajamos para convertirnos en catalizadores de cambios de cualquier magnitud, no debemos perder de vista lo que sucede cuando trabajamos junto a otros para lograr la visión. Todo se multiplica. Cuanto mayor sea la visión y más difícil la causa, más necesitamos que las personas trabajen juntas para lograrla. La Ley de lo Trascendental, en *Las 17 leyes incuestionables del trabajo en equipo*, afirma: «Uno es demasiado pequeño como para pretender hacer grandes cosas». Usted puede hacer cambios en su mundo por su cuenta, sin duda alguna. No obstante, si el trabajo que hace para lograr un cambio positivo comienza a expandirse, necesitará que otros trabajen a su lado para mantenerlo y mejorarlo. Y si lidera ese grupo de personas, tiene que darse cuenta de que el equipo y la transformación que ellos están logrando son esenciales para alcanzar el éxito. Todos los que trabajan juntos son valiosos, y todos nos necesitamos mutuamente.

A medida que usted se vincula con otras personas para lograr un cambio positivo, tenga en cuenta las siguientes ideas.

EL *NOSOTROS* ES MÁS IMPORTANTE QUE EL *YO*

Cuando obtuve el primer puesto de liderazgo a los 22 años, mi primer pensamiento fue: *Quiero marcar la diferencia*. Todavía recuerdo la alegría que sentí cuando hice mi mayor esfuerzo para ayudar a las personas y agregarles valor. Mi energía aumentó, mi visión se amplió y el deseo de ayudar se hizo más grande cada día. Me encantaba lo que hacía. Con el tiempo, mi pasión por marcar la diferencia chocó con la realidad de que si intentaba hacerlo todo yo mismo estaba limitado en cuanto a la cantidad de personas a las que podía agregarles valor.

> «NO **IMPORTA CUÁN BRILLANTE** SEA SU MENTE O SU ESTRATEGIA; SI ESTÁ JUGANDO SOLO, SIEMPRE PERDERÁ ANTE UN EQUIPO».
>
> —REID HOFFMAN

El empresario y cofundador de LinkedIn, Reid Hoffman, manifestó: «No **importa cuán brillante** sea su mente o su estrategia; si está jugando solo, siempre perderá ante un equipo».[6] Así que la primera pregunta que debe hacerse es: «¿Estoy listo para ser un jugador en el equipo de transformación?».

Las probabilidades de éxito en cualquier proyecto aumentan enormemente cuando usted se une a otras personas. El consultor en liderazgo y conferencista, Gustavo Razzetti, señaló: «Un estudio realizado por la Asociación para la Capacitación y el Desarrollo (ATD, por sus siglas en inglés) determinó que existe un 65% más de probabilidades de alcanzar una meta cuando uno se asocia con otra persona. Si además se establece una asociación continua, las posibilidades aumentan al 95%».[7]

Un grupo de personas se convierte en un equipo que puede lograr un impacto positivo cuando la mayoría de sus miembros cambia su modo de pensar de «el grupo está aquí para beneficiarme» a «estoy aquí para beneficiar al grupo». El consultor en administración, Richard Barrett, expresó: «El cambio fundamental que ocurre durante la transformación cultural es un cambio de actitud. Las personas dejan de pensar: "¿Qué beneficio hay para nosotros (para mí)?", y se preguntan: "¿Qué es lo mejor para el bien común?". El enfoque cambia de "yo" a "nosotros".[8] Cuando esto sucede, es más probable que aceptemos decepcionarnos a nosotros mismos que decepcionar al equipo.

El cambio de trabajar individualmente a trabajar con otros no solo es necesario en los negocios y en el mundo de las organizaciones sin fines de lucro. También se puede apreciar en la naturaleza. Los lobos y los leones se reúnen en manadas para vivir, cazar y defenderse. Los gansos que vuelan en formación aumentan su alcance en aproximadamente un 70%.[9] Y los animales que se han domesticado, como los caballos, se unen para lograr mejores resultados. Se dice que un caballo de primerísima categoría puede tirar de un trineo que pese unas 4500 libras (2040 k). Si se engancha ese caballo junto con otro caballo, incluso uno no tan fuerte, pueden tirar mucho más del doble de esa cantidad: 12 000 libras (5443 k). ¡Y cuatro caballos que trabajen juntos multiplican su productividad con la capacidad de tirar más de 30 000 libras (13 600 k)!

Me gusta mucho algo que Chuck Swindoll escribió hace años y que expresa la importancia del trabajo en conjunto:

Nadie es una cadena completa. Todos somos eslabones; pero si quitamos un eslabón, la cadena se rompe.

Nadie es un equipo completo. Todos somos jugadores; pero si falta un jugador, el juego se pierde.

Nadie es una orquesta completa. Todos somos músicos; pero si falta uno, la sinfonía quedará incompleta.

Se da cuenta. Nos necesitamos mutuamente. Usted necesita a alguien y alguien lo necesita a usted. No somos islas separadas. Para que esto que llamamos vida funcione, tenemos que apoyarnos mutuamente, relacionarnos y responder, dar y recibir, confesar y perdonar, tender la mano y abrazar, ceder y confiar.

Ya que ninguno de nosotros es un genio todopoderoso, independiente, autónomo, superdotado, etc., dejemos de actuar como si lo fuéramos. La vida ya es bastante solitaria sin que hagamos ese tonto papel.

El juego ha terminado. Unámosnos.[10]

En equipo, todos obtenemos mejores resultados. Si quiere cambiar el mundo y ser parte de un movimiento de transformación, tiene que poner el *nosotros* delante del *yo*. Debe estar dispuesto a trabajar en conjunto con otros.

EN EQUIPO, TODOS OBTENEMOS MEJORES RESULTADOS.

EL *QUIÉN* ES MÁS IMPORTANTE QUE EL *CÓMO*

Una vez que se tiene la convicción de que la causa y el equipo son más importantes que usted como individuo, la siguiente pregunta que hay que responder es: «¿Con quién debo formar el equipo?». Esta fue una lección difícil de aprender para mí. Desde joven, siempre supe que quería ayudar a la gente. *Quiero marcar la diferencia*, pensé. Tan pronto como me di cuenta de que para lograr esos cambios necesitaba la ayuda de otros, mi pensamiento se amplió: *Quiero marcar la diferencia junto con otras personas,* y empecé a reclutar gente para que se uniera a mi causa. La buena noticia fue que debido a mi pasión y mi personalidad pude reunir a muchas personas. La mala noticia fue que no todos los que se unieron a mí estaban allí para ser parte de la causa. Algunos solo querían acompañarme en el viaje.

¿Alguna vez ha visto a un equipo de remo en acción? En los botes más grandes, ocho atletas reman al unísono, con un timonel en la popa que mantiene la dirección y la cadencia del esfuerzo. Estos equipos solo pueden tener éxito si todos trabajan juntos. En mis primeros días como líder, reuní a personas que ocupaban todos los asientos del bote, pero solo un par de nosotros remábamos. El resto se sentaba, se relajaba y disfrutaba del paseo.

Al comprender esto, hice otro cambio en mi modo de pensar: *Quiero marcar la diferencia con gente que quiera marcar la diferencia.* Finalmente comprendí que el *quién* era más importante que el *cómo* cuando se trata de trabajar con otras personas para cambiar el mundo. Si queríamos lograr ese cambio positivo, teníamos que luchar por la misma causa. Eso me enseñó a ser más selectivo respecto a las personas con las que trabajaba.

Esa decisión no agradó a todos los que me rodeaban, y al principio fue difícil para mí. Como mencioné antes, al comenzar mi carrera sentía la necesidad de complacer a la gente y buscar su aprobación. Cuando criticaban mis decisiones, luchaba contra esta tendencia dentro de mí y pensaba en lo que Theodore Roosevelt, el vigésimo sexto presidente de Estados Unidos, manifestó sobre aquellos que critican:

«No es el crítico quien cuenta, ni aquel que señala cómo el hombre fuerte se tambalea, o dónde el autor de los hechos podría haberlo hecho mejor. El mérito pertenece exclusivamente al hombre que se halla en la arena, aquel cuyo rostro está cubierto de polvo, sudor y sangre, que lucha con valentía, se equivoca y se queda corto una y otra vez, porque no hay esfuerzo sin errores ni deficiencias, pero quien realmente se empeña en lograr su cometido; quien conoce grandes entusiasmos, las grandes devociones; y lo da todo en defensa de una causa noble. Aquel que, en el mejor de los casos, finalmente saborea el triunfo de los grandes logros, y quien en el peor de los casos, si fracasa, al menos fracasa atreviéndose en grande, de manera que su lugar jamás estará entre aquellas almas frías y tímidas que no conocen ni la victoria ni la derrota».[11]

Me agrada lo que la autora, conferenciante y profesora Brené Brown observó sobre la cita de Roosevelt:

Con relación al discurso de Roosevelt «El hombre en la arena», también aprendí que las personas que me aman, las personas en las que realmente confío, nunca fueron los críticos que me señalaban cuando me equivocaba. No estaban en las gradas. Estaban a mi lado en la arena y luchaban por mí y junto a mí.

Nada ha transformado más mi vida que darme cuenta de que evaluar mi valía según la reacción de la gente que está en las gradas es una pérdida de tiempo. Las personas que me aman, y que estarán allí sin importar el resultado que yo obtenga, están al alcance de mi mano. Darme cuenta de eso lo ha cambiado todo.[12]

Cuando usted se asocia con las personas adecuadas, personas con las que tiene afinidad, que comparten sus mismos valores, que están dispuestas a trabajar por la misma causa, que se defienden mutuamente, eso lo cambia todo para bien.

> «NADA HA TRANSFORMADO MÁS MI VIDA QUE DARME CUENTA DE QUE EVALUAR MI VALÍA SEGÚN LA REACCIÓN DE LA GENTE QUE ESTÁ EN LAS GRADAS ES UNA PÉRDIDA DE TIEMPO».
> —BRENÉ BROWN

¿Con quién debería asociarse usted para transformar su mundo? Le recomendamos que empiece por buscar personas que ya estén haciendo algo por la causa que usted defiende. ¿Hay alguna organización, ya comprometida con esa causa, a la que usted pueda unirse o asociarse? Si es así, es posible que usted no necesite reinventar la rueda. Si comparten una causa común y hay una coincidencia de valores, entonces únase a ellos para lograr sus objetivos. (En el capítulo 6, Rob y yo le contaremos sobre nuestra experiencia con vidas que cambiaron en las mesas de transformación. Le daremos la oportunidad de incorporarse a eso sin costo alguno. Quizás quiera comenzar por allí).

Por otro lado, tal vez necesite comenzar a reunir personas. Primero aproxímese a aquellos cercanos a usted, y luego vaya más allá. ¿Qué conexiones tienen sus conexiones? ¿A quién conoce que a su vez conoce a alguien que tal vez usted quiera conocer? Utilice a su favor lo que se ha denominado el fenómeno del mundo pequeño, o los seis grados de separación. Rob me habló de esto. La idea fue desarrollada por el psicólogo Stanley Milgram en los años 60 y afirma que una persona puede conectarse con cualquier otra persona en el mundo a través de solo seis intermediarios.[13] Aunque Rob considera que hoy, en gran medida gracias a los medios de comunicación social, en lugar de seis solo hay unos 3,2 «grados» de separación entre dos personas en cualquier lugar del mundo.

¿Cuál es el significado del fenómeno del mundo pequeño? Significa que usted puede encontrar a personas con las que trabajar, tanto si es un líder catalizador que intenta reunir a individuos con ideas afines para formar un equipo, como si es alguien que quiere lograr un impacto positivo y busca unirse a un grupo, equipo u organización que ya está haciendo algo. Empiece por asociarse con personas que conoce bien, luego amplíe su ámbito de acción a aquellos que apenas conoce y siga explorando conexiones hasta que encuentre a las personas adecuadas.

Eso es lo que hicieron mis organizaciones sin fines de lucro cuando nos propusimos iniciar un movimiento de transformación en Guatemala. Nos contactamos con Guatemala Próspera, una organización local sin fines

> «NO ES LA CARGA LO QUE PESA, ES LA FORMA EN QUE SE LLEVA».
> —ANÓNIMO

de lucro, bien dirigida, que quería la transformación de su país, y trabajamos con sus líderes. Ideamos una estrategia que pudiera impactar positivamente en la gente y que según nuestras expectativas daría lugar a un movimiento de transformación. Sabíamos que, si podíamos enseñar valores al 10% de las personas allí, y si ellos se comprometían a adoptar esos valores y a vivir según ellos, eso podría generar un punto de inflexión para el país.[14] Sin embargo, todos estuvimos de acuerdo en que la mejor manera de llegar al 10% de la población no era centrarnos en cuántas personas capacitaríamos, sino a *quiénes* capacitaríamos. Trabajamos para reclutar a los principales líderes en las siguientes ocho esferas de influencia: gobierno, educación, negocios, religión, medios de comunicación, artes, deportes y asistencia médica. Creíamos que, si podíamos influir en ellos, ellos influirían en los demás. Todavía es demasiado pronto para ver si podemos llegar a ese punto de inflexión, pero hasta ahora la estrategia funciona, y esperamos ver con el tiempo la transformación de Guatemala.

Como alguien una vez expresó: «No es la carga lo que pesa, es la forma en que se lleva». Cuando usted invita a otras personas a unírsele para llevar la carga de la transformación, el peso se aligera y el viaje se hace agradable.

LO QUE NOS *UNE* ES MÁS GRANDE QUE LO QUE NOS *DIVIDE*

Una de las preguntas más importantes que debe hacer tan pronto como se vincula con otras personas es: «¿Coincidimos en nuestros valores?». La Ley de la Identidad en *Las 17 leyes incuestionables del trabajo en equipo* expresa: «Los valores compartidos definen al equipo». Si sus valores y los de las personas que forman el equipo coinciden, habrá coordinación, unidad y efectividad. De lo contrario, nunca se acoplarán; usted y ellos se sentirán frustrados.

La diferencia entre un equipo que comparte valores comunes y un equipo que no los comparte es similar a la diferencia que hay entre una manada de caballos y una manada de asnos cuando están bajo presión. El entrenador de caballos, Stephen Brown, manifestó que cuando un grupo de caballos se enfrenta a una amenaza, se paran en un círculo frente a frente con sus patas traseras apuntando hacia el exterior, listos para patear a su enemigo. Los asnos, por otro lado, hacen justo lo contrario. Se colocan de frente a la amenaza, pero eso significa que cuando patean, se golpean entre ellos.[15]

Una vez que haya determinado que comparten valores comunes, deben centrarse en lo que tienen en común, no en sus diferencias. Aquello en lo que uno se enfoca se desarrolla. Si nos centramos en nuestras diferencias, estas aumentan. Si nos centramos en lo que nos une, entonces nuestra unidad se fortalece. El presidente John F. Kennedy fomentó la unidad cuando expresó: «Que ambas partes exploren los problemas que nos unen en lugar de insistir en los problemas que nos dividen».[16]

El año pasado fuimos testigos de un maravilloso ejemplo de la unión de dos bandos contrarios cuando visitamos Paraguay junto a un gran grupo de entrenadores voluntarios del John Maxwell Team. Habíamos ido a lanzar en las escuelas públicas una fase de mi programa juvenil basado en valores llamado iLead (YoLidero). Mientras estaba allí, me invitaron a hablarle a uno de los equipos de fútbol más populares del país, Cerro Porteño. Ellos adoptaron los buenos valores que les enseñamos y comenzaron a impartirlos en sus equipos, en sus programas de fútbol juvenil, e incluso en sus clubes de fanáticos. Obtuvieron grandes resultados.

> «QUE AMBAS PARTES EXPLOREN LOS PROBLEMAS QUE NOS UNEN EN LUGAR DE INSISTIR EN LOS PROBLEMAS QUE NOS DIVIDEN».
> —JOHN F. KENNEDY

Lo que sucedió después fue aún más notable. Cerro Porteño decidió compartir el programa de entrenamiento en valores con uno de sus equipos rivales, el Club Olimpia, y este comenzó a emplear también las mesas de transformación para enseñar valores en todos los niveles de su sistema. Estaban tan entusiasmados que compartieron los materiales con otro equipo rival, el Club Libertad, que actualmente introduce las mesas de transformación de valores en su organización.

Si usted es un fanático del fútbol, sabe que las rivalidades entre los equipos pueden ser feroces, pero todos los fanáticos de este deporte también comparten una hermandad que los une. Estos equipos rivales van más allá de sus diferencias competitivas porque quieren hacer algo grande por su comunidad. Si trabajan juntos para cambiar sus comunidades, tienen la oportunidad de cambiar su nación.

Según se dice, cuando se firmó la Declaración de Independencia, Benjamin Franklin expresó: «Todos debemos estar juntos, de lo contrario seguramente nos colgarán por separado». Los Padres Fundadores de EE. UU. eran un grupo diverso, con orígenes y profesiones diferentes, de lugares diferentes. Aunque compartían un idioma común, se identificaban como ciudadanos de sus Estados, y no de la nación que intentaban formar. No por casualidad se llamaron a sí mismos Estados Unidos. Sin embargo, se centraron en su deseo común de libertad. Eso es lo que los unía, y sabían que, si no permanecían unidos, su causa fracasaría.

LO QUE *TENGO* ES MÁS IMPORTANTE QUE LO QUE ME *FALTA*

La siguiente pregunta que debe hacerse es: «¿qué cosas positivas puedo aportar a un equipo de transformación?». Puede pensar que esos aportes son evidentes, o dudar si en realidad tiene algo de valor que ofrecer, pero la verdad es que usted tiene valor y aporta valor a cualquier equipo. No trate de ser alguien que no es ni desee habilidades que no tiene. Aproveche las fortalezas que ya posee y básese en ellas para beneficiar a otros. Así lo expresó el poeta Edwin Markham:

Hay un destino que nos hace hermanos;
nadie recorre su camino solo.
Todo lo que llevamos a la vida de los demás
lo recibimos de vuelta en la nuestra.[17]

Podemos agregar valor a nuestros compañeros de equipo del mismo modo que ellos nos añaden valor a nosotros, y juntos podemos agregarle suficiente valor a nuestro mundo para cambiarlo.

¿Cuáles son sus contribuciones a la causa? ¿Qué cualidades puede aportar para marcar una diferencia? Si tiene problemas para determinar sus dones, eche un vistazo a la siguiente lista de cualidades y califíquese según una escala del uno (la más débil) al cinco (la más fuerte) en cada una de ellas:

Pasión
Experiencia
Conocimiento
Habilidades
Relaciones
Influencia
Visión
Tiempo
Recursos

La Ley de la Especialización en *Las 17 leyes incuestionables del trabajo en equipo* expresa: «Cada jugador tiene un lugar donde dar lo mejor de sí». Usted tiene un papel excepcional que desempeñar y contribuciones únicas que hacer, solo debe darse cuenta cuáles son. Cuando lo haga, su equipo será más fuerte, más completo.

> «ELLA TIENE VACÍOS, YO TENGO VACÍOS, JUNTOS LLENAMOS ESOS VACÍOS».
> —SYLVESTER STALLONE COMO ROCKY BALBOA

En el capítulo 1, le contamos sobre la experiencia de Rob en Avondale. Una y otra vez Rob ha visto cómo las personas dan a los demás de lo que tienen. Por ejemplo, ha visto a ancianos del hogar geriátrico cercano a Avondale cruzar la calle todas las semanas para ayudar a niños pequeños con la lectura. Estos ancianos dan lo que tienen para dar. Podría parecer algo pequeño, pero están ayudando a esos niños a mejorar su lectura y les están brindando una constancia necesaria para su desarrollo.

Todas las personas pueden hacer algo, y cuando lo hacen, el beneficio es para todos. Me gusta la forma en que Rocky Balboa expresa esta idea en la película ganadora del Oscar *Rocky*. Al hablar de Adriana, su novia, manifestó: «Ella tiene vacíos, yo tengo vacíos, juntos llenamos esos vacíos».[18]

LA *COLABORACIÓN* ES MÁS IMPORTANTE QUE LA *COOPERACIÓN*

Actualmente vivimos en una época caracterizada por la hostilidad, la división y el partidismo. La gente prefiere trazar líneas y lanzar piedras antes que entablar una conversación y tratar de encontrar soluciones. En este clima, la cooperación puede parecer lo mejor que podemos esperar entre las personas. Sin embargo, eso es subestimarnos. Podemos lograr más.

> LA COOPERACIÓN DICE: «VAMOS A LLEVARNOS BIEN O DE LO CONTRARIO NO SE HARÁ NADA». LA COLABORACIÓN DICE: «TRABAJEMOS JUNTOS PORQUE *TENEMOS* QUE LOGRAR ESTO».

La cooperación es la unidad por el bien de la unidad. La cooperación dice: «Vamos a llevarnos bien o de lo contrario no se hará nada». La colaboración es la unidad por el bien de una visión compartida. La colaboración dice: «Trabajemos juntos porque *tenemos* que lograr esto».

Creemos que la cooperación implica que las personas *no* trabajan unas *contra* otras. Sin embargo, cuando hay una verdadera colaboración, las personas trabajan y *se apoyan entre sí*. Van intencionalmente en la misma dirección; se ayudan mutuamente para lograr algo que todos sienten que vale la pena.

Apreciamos este tipo de colaboración entre escuelas en Paraguay. Mencioné que habíamos iniciado el programa iLead (YoLidero) allí. Como parte de él, se exhortó a los estudiantes a hacer proyectos relacionados con los valores que estaban aprendiendo. Una escuela que participaba en el programa se contactó con otra escuela de la comunidad para planificar cómo embellecer la plaza de su pueblo. Juntos recogieron basura, pintaron edificios y plantaron flores. En poco tiempo, las escuelas de las comunidades vecinas vieron lo que había sucedido y comenzaron sus propios proyectos para embellecer las plazas de sus pueblos. Esto se ha convertido en un reto a nivel nacional donde las escuelas compiten para hacer lo mejor por sus distritos. Más que cooperar, lo que hacen es colaborar.

Cuando todos trabajamos juntos, colaborando, todos se benefician. Para ejemplificar colaboración, me gusta mucho la imagen de cómo crecen las secuoyas de costa. A diferencia de muchos otros árboles que tienen raíces relativamente profundas, incluyendo una raíz principal, las secuoyas de costa no las tienen. Aunque pueden llegar hasta casi 400 pies (122 m) de altura, sus raíces son poco profundas, y penetran en la tierra solo de 6 (1,82 m) a 12 pies (3,6 m), pero se extienden mucho, a menudo más de 100 pies (30,4 m). Crecen en arboledas, con sus raíces entrelazadas, lo que les permite mantenerse fuertemente unidas, incluso durante tormentas violentas. Aunque son los árboles más altos del mundo, las secuoyas rara vez caen. No es de extrañar que vivan más de dos mil años.[19]

Rob ha estudiado un método de colaboración llamado impacto colectivo, propuesto por primera vez en 2011 por John Kania, director general del Foundation Strategy Group, y Mark Kramer, profesor de la Escuela de Gobierno John F. Kennedy de la Universidad de Harvard. Lo desarrollaron para tratar de resolver problemas sociales grandes, complejos y diversos. Fomenta un tipo de colaboración colectiva que incluye cinco elementos clave, que hemos adaptado:

- Una agenda común
- Un sistema de medición común
- Actividades de contribución mutua
- Comunicación continua
- Un equipo de apoyo

Echemos un vistazo a cada uno de ellos.

UNA AGENDA COMÚN

El punto de partida para la colaboración es llegar a un acuerdo sobre cuál es el problema y cómo todos trabajarán juntos para resolverlo. Sin esta agenda común, es imposible que todos trabajen juntos de forma proactiva y vayan en la misma dirección.

Actuar unidos por una causa común siempre traerá consigo cambios importantes. A menudo uno de esos cambios se convierte en la piedra angular que hace posible los cambios aún mayores. En arquitectura, una piedra angular es la pieza que hace posible un arco o una bóveda. El autor y empresario, Greg Satell, afirmó: «Identificar ese cambio que se convierte en la piedra angular es el primer gran desafío de todo movimiento de cambio, y hasta que no se enfrente a ese desafío, sus esfuerzos serán probablemente en vano».[20] Satell cita ejemplos de acontecimientos clave que facilitaron movimientos. En 1930, Mahatma Gandhi organizó la marcha de la sal, una manifestación inquietante pero no violenta, para protestar contra el monopolio británico sobre ese producto. Junto a otros ochenta manifestantes, comenzó a caminar desde su casa en Sabarmati hacia el mar.[21] Caminaron veinticuatro días, y mientras lo hacían, otros se les unieron. Cuando llegaron a Dandi en el mar Arábigo, miles de manifestantes más se les habían unido. Gandhi recogió sal allí, algo que era ilegal. «Con esto —anunció—, estoy sacudiendo los cimientos del Imperio británico».[22] La protesta de Gandhi dio lugar a la protesta de millones de personas en toda la India. Al final, la marcha de la sal fue el suceso clave que dio lugar a la independencia de la India de Gran Bretaña. Sin la agenda común de protesta pacífica contra el monopolio sobre la sal, este cambio significativo podría no haber sido posible.

UN SISTEMA DE MEDICIÓN COMÚN

¿Cómo sabe usted si realmente se está logrando algo? Para saberlo hay que medir el progreso, y *definir cómo* será el sistema de medición. Todos deben ponerse de acuerdo en lo que constituye el éxito y cómo se medirá específicamente. En el capítulo 8 profundizaremos en el tema.

ACTIVIDADES DE CONTRIBUCIÓN MUTUA

El pintor, Vincent van Gogh, expresó: «Las grandes cosas se realizan mediante la suma de varias cosas pequeñas».[23] Una de las principales características de la colaboración es que todos trabajan juntos de manera activa, no por amor a la actividad, sino para hacer exactamente lo que ayuda al progreso de la causa. La unidad de la misión no significa uniformidad de acción.

Rob señala que el aspecto más importante de este concepto es que todo lo que todos hacen por la causa funciona en conjunto con todo lo que todos los demás hacen por ella. A veces los teóricos denominan esto como *actividades de refuerzo* y los ingenieros como *complejidad irreducible*. Es la idea de que todas las partes funcionan y trabajan juntas simultáneamente, cada una haciendo su tarea.

COMUNICACIÓN CONTINUA

La Ley de la Comunicación en *Las 17 leyes incuestionables del trabajo en equipo* expresa que «la interacción aviva la acción». Si varias personas quieren tener éxito al trabajar juntas, necesitan mantener la comunicación entre ellas. Uno de mis mentores, Charles Blair, me advirtió sobre el peligro de la falta de comunicación cuando me dijo: «Logren un entendimiento para que no haya malentendidos». A menudo la falta de comunicación se debe a que las partes tienen diferentes supuestos. La palabra *comunicación* viene de la voz latina *communis*, que significa común. La comunicación mejora cuando las personas tienen una causa común *y* hablan

> «LOGREN UN ENTENDIMIENTO PARA QUE NO HAYA MALENTENDIDOS».
> —CHARLES BLAIR

entre sí constantemente para asegurarse de que la mantienen en común.

UN EQUIPO DE APOYO

Todos los que trabajan para promover una causa se vuelven más eficaces cuando cuentan con el apoyo de un equipo de personas dedicadas a la tarea de coordinar los esfuerzos, atender sus necesidades y facilitar la comunicación. En círculos académicos, esto se denomina una *organización central*. Nosotros preferimos verlo como un equipo de apoyo, es decir, gente del personal o voluntarios que trabajan para ayudar a mantener todo en marcha y en la dirección correcta. En un mundo conectado y en red, el apoyo de un equipo es indispensable.

Si usted está reuniendo a personas para una causa, asegúrese entonces de formar un equipo de apoyo capacitado, comunicarse constantemente con la gente, asignarles actividades de contribución mutua, ponerse de acuerdo en cómo medir el progreso y trabajar con una agenda común.

GANAR JUNTOS

Mi amigo, Casey Crawford, conoce bien lo que es la transformación y el trabajo en equipo. Había oído hablar de él antes de conocerlo, por su buena reputación en el mundo de los negocios y por el meteórico éxito de su compañía. El John Maxwell Team otorgó a Casey el Premio al Liderazgo en la Transformación, y lo conocí personalmente en un almuerzo de tres horas. Actualmente está haciendo cosas fascinantes.

Casey creció en Maryland y Virginia, cerca de Washington, D. C., en una época en que la ciudad era conocida como la capital de los asesinatos en el país. Trabajó en las ferreterías de su padre en algunos de los barrios más deprimidos de la zona. «Durante esa época, si se era un niño nacido en la pobreza en el distrito, el panorama era sombrío», observó años más tarde.

Casey también practicaba deportes, y fue un jugador de fútbol americano lo suficientemente bueno como para obtener una beca en Virginia, donde jugó como ala cerrada. A eso le siguió una breve carrera de tres años en la National Football League (NFL por sus siglas en inglés). Se las arregló para firmar con los Carolina Panthers como novato no reclutado, pero en su tercera temporada, los Panthers le dieron de baja al final del campamento de entrenamiento y fue adquirido por los Tampa Bay Buccaneers. Luego de su primer entrenamiento en Florida, el entrenador principal del Tampa Bay, Jon Gruden, reunió al equipo en un círculo cerrado y expresó: «Vamos a ganar el campeonato, lo haremos con este grupo de hombres, y lo haremos este año».

Lo que Gruden afirmó se hizo realidad. «La temporada fue mágica y culminó con el campeonato del *Super Bowl* —expresó Casey—. Después del partido, me vi sobre un escenario en la línea de 50 yardas cantando "It's My Life" [Es mi vida] con Bon Jovi, mi brazo alrededor de mi esposa, y mi mano en el trofeo Vince Lombardi. Aunque había hecho muy poco para contribuir a nuestro triunfo esa temporada, sentí que había cumplido mis objetivos respecto al fútbol americano».

En el vuelo de regreso a casa, Casey tomó una decisión. A los veinticinco años, dejaría la NFL. Según declaró: «Deseaba hacer una transición en mi vida, del entretenimiento al impacto positivo». Quería lograr un cambio positivo en el mundo.

AMOR POR LAS PERSONAS E INTELIGENCIA PARA LOS NEGOCIOS

Con el deseo de ayudar a las personas, Casey comenzó a buscar una manera de agregarles valor. Además de ser bueno en los deportes, también tenía un don para los negocios y siempre había tenido algo de empresario: recuerda que en primer grado iba de puerta en puerta para vender abanicos de papel maché y así ganar dinero. Durante la temporada de descanso de la NFL en Charlotte, Carolina del Norte, solía levantarse a las seis de la mañana para correr y levantar pesas. A las nueve ya había terminado y tenía el resto del día por delante. En ese tiempo libre, comenzó a comprar casas, arreglarlas y alquilarlas. Le iba tan bien que alguien quiso pedirle un préstamo a corto plazo. Casey no quería correr riesgos, así que inicialmente dijo que no. Sin embargo, su esposa, Michelle, recién graduada de la facultad de derecho, le dijo que había una forma de redactar el documento de préstamo que los protegería, así que prestaron el dinero. Casey reconoció que no durmió durante los siguientes treinta días, el período para el pago del préstamo.

Durante los cinco años siguientes a su retiro del fútbol americano, Casey se mudó de nuevo a Carolina del Norte y trabajó en bienes raíces, la banca y la industria hipotecaria en Charlotte. Para entonces tenía una visión de cómo quería marcar la diferencia. Quería construir un tipo de empresa de la que siempre había querido formar parte, una organización basada en la regla de oro. «Nuestra visión era crear un banco que fuera conocido por lo mucho que amaba a los miembros de su equipo, a sus clientes y a las comunidades de las que formaba parte», expresó Casey. Como parte de su énfasis en amar a los demás, también tomó otra decisión. Si la compañía tenía un éxito muy grande, pondría un límite a sus ingresos personales y destinaría el resto de las ganancias para ayudar a la gente.

Casey y su socio, Toby Harris, decidieron llamar a la compañía Movement Mortgage, y la fundaron en 2008, justo cuando comenzó la Gran Recesión. «Los bancos habían golpeado la vida de las comunidades al realizar préstamos que no se podían cobrar, en los que los impagos eran algo casi inevitable —manifestó Casey—. Comunidades enteras se derrumbaron bajo el peso de la excesiva deuda hipotecaria y hundieron el valor de todas las casas en las comunidades».

«Tuve la visión de contar una nueva y mejor historia sobre cómo un negocio, y más exactamente un banco, puede usarse como un poderoso agente de cambio para bien», manifestó Casey. Mientras los grandes bancos trataban de cumplir las nuevas regulaciones como la Ley Dodd-Frank, la compañía de Casey innovó y se mantuvo centrada en ayudar a los clientes. Movement Mortgage implementó lo que llamaron su política de 6–7–1. Era una promesa de suscribir un préstamo dentro de las seis horas siguientes a la solicitud, procesar los documentos de un prestatario calificado en siete días, e intentar cerrar el préstamo en un día. La mayoría de sus clientes cerraron en menos de treinta días. Esto contrastaba con el tiempo normal de procesamiento de un préstamo que era de cuarenta y cinco, sesenta o noventa días.[24]

El éxito de Movement Mortgage ha sido extraordinario. Comenzó con cuatro empleados. Doce años después, emplea a más de cuatro mil. Tienen oficinas en casi ochocientos lugares repartidos en cuarenta y siete estados.[25] La compañía procesó más de 16 000 millones de dólares en préstamos en 2019 y se ubicó entre las diez primeras de la nación en préstamos minoristas.[26] Sin embargo, eso no es lo que emociona a Casey. Cambiar la vida de las personas, sí.

Lo hace al ofrecerles buenas hipotecas, que de otra manera no podrían conseguir, pero no se detiene ahí. También lo hace al ayudar a sus empleados. La compañía comenzó a ayudar discretamente a los miembros del equipo en tiempos de crisis financiera. Cuando se enteraban de que una madre soltera vivía en su automóvil, la ayudaban a encontrar un lugar para vivir. Ayudaron a víctimas de abuso doméstico. Apoyaron a empleados que tenían dificultades financieras, para evitar que los desalojaran.

Eso era relativamente fácil cuando tenían pocos empleados, pero con el crecimiento de la empresa, el desafío es más difícil y complejo. En respuesta, Casey creó un fondo llamado Love Works Fund dentro de Movement Mortgage para continuar el apoyo financiero a sus empleados y sus familiares en tiempos de crisis. Hasta ahora, ¡la compañía ha dado 3,4 millones de dólares a sus empleados! Casey estima que el 70% de los empleados de la compañía contribuyen al fondo. Movement Mortgage iguala esa contribución.

TRABAJO EN EQUIPO EN LA COMUNIDAD

Por muy gratificante que fuera ayudar a los clientes y a los empleados de su compañía, no era suficiente para Casey. Las experiencias de su niñez en las zonas pobres de Washington, D. C. hacían que quisiera ayudar a las personas de las comunidades en dificultades de Charlotte, y creía que la mejor manera de hacerlo sería ofreciéndoles mejores oportunidades educativas a los niños de la zona. Creó la fundación Movement Foundation y comenzó a investigar sobre las escuelas públicas independientes. Encontró un modelo que funcionaba, y en 2017, Movement School, una escuela autónoma gratuita, abrió sus puertas en una comunidad marginada de Charlotte. Comenzó con un jardín de infantes, primero y segundo grados. El plan incluía agregar un grado cada año, hasta el octavo grado. Tuvo tanto éxito que dos años después de su apertura, la lista de espera de niños que querían inscribirse era casi el doble de la cantidad de estudiantes de la escuela.

Casey rápidamente comenzó a buscar formas de abrir escuelas adicionales, pero algo más ocurrió como resultado del éxito de la escuela. Un hospital local le informó a Casey que había problemas con la atención médica de las personas de la zona, pues no había un pediatra en un radio de 5 millas (8 km) de la escuela. En respuesta, Casey y su equipo se las arreglaron para conseguir un espacio en un centro comunitario cercano donde fue posible abrir una clínica de salud urbana.

Unos meses después, un promotor inmobiliario sin fines de lucro contactó a Casey y su equipo para tratar la crisis de la vivienda asequible en la zona. Se pusieron de acuerdo para formar un equipo, trabajaron con un generoso propietario de terrenos de la ciudad y recibieron una donación benéfica de una iglesia, lo que hizo posible la construcción de 185 viviendas asequibles entre la escuela y la clínica de salud. Y siguen apareciendo oportunidades para que Casey y Movement Mortgage puedan ayudar a cambiar las cosas. Hasta ahora, la Movement Foundation ha invertido 40 millones de dólares de las ganancias de la compañía en proyectos dedicados a marcar una diferencia positiva en el mundo.[27]

«Lo que comenzó como una visión para fundar una escuela transformadora en un área con problemas de nuestra ciudad se convirtió en un desarrollo integral y redentor —expresó Casey—. Como alguien que siempre ha disfrutado estar en equipos y ha conocido el poder de trabajar en equipo, uno siente algo poderoso al ver que una comunidad se une».

»Los problemas en Estados Unidos son demasiado grandes para que alguna organización trate de resolverlos sola —manifestó Casey—. Los hospitales por sí solos no pueden cambiar la situación de los pobres urbanos. Las escuelas por sí solas no la cambiarán. La vivienda por sí sola no resolverá los innumerables problemas que enfrentan hoy nuestros niños nacidos en la pobreza. Por otro lado, las grandes organizaciones que trabajan en conjunto, con el liderazgo adecuado para este tipo de equipos, me hacen tener esperanzas sobre lo que se puede hacer para amar a algunos de los niños más vulnerables de la sociedad actual». En otras palabras, todos nos necesitamos mutuamente.

LA NECESIDAD QUE TENEMOS LOS UNOS DE LOS OTROS SE MANIFIESTA EN TODAS PARTES

La autora y oradora, Patricia Fripp, expresó: «Un equipo no es solo las personas que trabajan al mismo tiempo en un mismo lugar. Un verdadero equipo es un grupo de individuos muy diferentes que comparten el compromiso de trabajar juntos para lograr objetivos comunes. Lo más probable es que no todos sean iguales en cuanto a experiencia, talento y educación, pero sí lo son en un aspecto de vital importancia: su compromiso con el bien de la organización. Todo grupo de personas, su familia, sus compañeros de trabajo o su comunidad, obtiene los mejores resultados al trabajar en equipo».[28] Si trabajamos juntos, podemos ganar juntos, y lograr cambios positivos.

Cuando Rob y yo comenzamos a escribir este capítulo, sabíamos que las ideas aquí expresadas se aplicaban a toda persona que trabajara para cambiar algún aspecto, grande o pequeño, de su mundo. Sin embargo, se puede apreciar la misma necesidad de un esfuerzo colectivo en eventos cotidianos como un partido de fútbol, de baloncesto o de fútbol americano. Si alguien falta o no cumple adecua-

> SI QUIERE CAMBIAR SU MUNDO A LO GRANDE, ENTONCES YA SABE LO QUE TIENE QUE HACER: ¡FORME UN EQUIPO!

damente su papel, el equipo pierde. En el trabajo, si participa en un proyecto, y un miembro del equipo no hace su trabajo, la tarea se vuelve mucho más difícil para todos los demás. En casa, cuando un miembro de la familia no hace su parte, todos los demás miembros sufren.

El trabajo en equipo es esencial y hace que los esfuerzos de todos sean más vigorosos, independientemente de la magnitud del proyecto o el objetivo. ¿Qué se necesita para ser un equipo efectivo? Julie Lambert afirma que es necesario lo siguiente:

Tolerarnos mutuamente nuestras debilidades.
Estimularnos mutuamente para alcanzar nuestros éxitos.
Reconocer que cada uno de nosotros tiene algo que ofrecer.
Ser consientes de que todos valoramos los tres aspectos anteriores.

El alcance del proyecto importa poco. La causa puede ser toda cosa que valga la pena. Cuando las personas ponen al equipo por encima de ellas mismas, cuando comparten los mismos valores, cuando colaboran juntas y utilizan todos los recursos a su disposición para su causa, pueden marcar una diferencia enorme. Si quiere cambiar su mundo a lo grande, entonces ya sabe lo que tiene que hacer: ¡forme un equipo!

CAPÍTULO 4

PONGÁMONOS
DE
ACUERDO

*Si quieres ir rápido, camina solo. Si quieres ir lejos,
ve acompañado.*

—Proverbio africano

C uando Rob y yo nos sentamos a escribir *Cambie su mundo* teníamos dos propósitos en mente. Primero, queríamos motivarlo y prepararlo para que pueda marcar *ahora mismo* una diferencia en su comunidad. Segundo, queríamos alentarlo a transformar su comunidad *junto* con otros. Cuando esto sucede, existe la posibilidad de que surja un movimiento, lo cual es muy bueno. Los movimientos hacen que las personas tomen conciencia de los problemas. Las injusticias movilizan el liderazgo e inspiran a la gente a la acción. Todas esas cosas generan un impulso positivo para el cambio. Los movimientos, ya sean pequeños o grandes, pueden cambiar el mundo.

POR QUÉ LA GENTE SE REÚNE EN TORNO A UNA CAUSA

En el capítulo anterior, hablamos sobre cómo la gente que trabaja junta *siempre* logra más que los individuos que lo hacen solos. Cuando las personas se unen y crean un movimiento, el resultado puede ser asombroso. ¿Por qué es así?

LAS PERSONAS BUSCAN CONECTARSE CON LOS DEMÁS

Las personas buscan conectarse con los demás de muchas maneras y en diferentes lugares. Van a bares y gimnasios, se unen a clubes, equipos deportivos y ligas fantásticas de fútbol. Les gusta la sensación de comunidad que experimentan cuando se reúnen. A menudo se acercan a otras personas teniendo en cuenta un sentido de propósito compartido. Los que sienten ese deseo de alcanzar cosas positivas no quieren reunirse simplemente para estar juntos. Quieren más. Ese sentido de propósito que comparten crea un nivel adicional de conexión entre ellos que puede llevar a la creación de un movimiento.

QUIEREN SER PARTE DE ALGO MÁS GRANDE QUE ELLOS MISMOS

Los seres humanos siempre buscan un significado. Estar atareados no es algo satisfactorio, pero una vida con un propósito sí lo es. Puede ser profundamente gratificante ser parte de algo más grande que uno mismo. La mayoría de la gente busca la forma de participar en algo que les apasione y que puedan hacer junto con otras personas de ideas similares. Quieren ser parte de una historia que les permita expresar sus deseos más profundos y sus aspiraciones más elevadas. Quieren crear recuerdos al hacer algo memorable. ¿Por qué otra razón las personas usarían brazaletes que identifican una causa, se vestirían de color rosa durante el mes de concientización sobre el cáncer de seno, se empaparían en el desafío del balde de agua helada, o donarían fondos a organizaciones en las que creen? Cuando suficientes personas que comparten los mismos valores siguen sus deseos de lograr un cambio positivo y se unen para hacerlo juntos, surge un movimiento.

AL DAR, LAS PERSONAS DESEAN RECIBIR VALOR

Hay otra razón por la que la gente se agrupa en torno a una causa, pero es algo de lo que rara vez se habla. Nos gusta pensar que cuando otros se suman a una causa, es porque esta es convincente, importante y justificada. Si bien es cierto que esas son las motivaciones de algunos, la mayoría de las personas desea algún beneficio personal por su tiempo y esfuerzo. Ese beneficio inmediato a menudo se manifiesta en lo bien que nos sentimos por querer agregar valor a los demás. Es el comienzo del viaje a la trascendencia. Damos,

EL RETORNO INEVITABLE: DEMOS A LOS DEMÁS DURANTE SUFICIENTE TIEMPO, Y RECIBIREMOS MÁS DE LO QUE DAMOS. AMEMOS A LAS PERSONAS LO SUFICIENTE, Y ESE AMOR REGRESARÁ A NOSOTROS DIEZ VECES MÁS. AYUDEMOS A QUE LOS DEMÁS SE LEVANTEN, Y ESO NOS LEVANTARÁ AÚN MÁS.

y cuanto más tiempo permanecemos en ese camino de dar, mejor comprendemos que ayudar a los demás nos ayuda a nosotros.

Llamo a este proceso «la recompensa inevitable». Demos a los demás durante suficiente tiempo, y recibiremos más de lo que damos. Amemos a las personas lo suficiente, y ese amor regresará a nosotros diez veces más. Ayudemos a que los demás se levanten, y eso nos levantará aún más.

La recompensa inevitable que se produce al agregarles valor a los demás ocurre por pasos. Observe los que hemos enumerado a continuación e intente identificar en cuál se encuentra usted en este momento:

Paso	Declaración significativa
Deseo	«Quiero agregar valor a los demás».
Pregunta	«¿Cómo puedo agregar valor a los demás?».
Comunidad	«Conozco a personas que agregan valor a los demás».
Observación	«Veo cómo agregan valor a los demás».
Sumarse	«¿Puedo ayudarlos a agregar valor a los demás?».
Preparación	«Sé cómo agregar valor a los demás».
Acción	«¡Estoy agregando valor a los demás!».
Retroalimentación	«Me dicen que les estoy agregando valor».
Satisfacción	«Me siento complacido cuando agrego valor a los demás».
Motivación	«Quiero seguir agregando valor a los demás».
Compartir	«Agreguémonos valor mutuamente».
Crecer	«Encontremos a otros para agregarles valor».
Cambiar	«Agregar valor a los demás me cambia a mí».
Recibir	«¡Aquellos a los que he agregado valor me han regresado el valor multiplicado!».

¿Cuáles son los resultados de dar estos pasos significativos? ¡La recompensa inevitable! Esto es lo que Rob y yo sabemos: continúe avanzando y agrégueles valor a las personas, y lo que recibirá de recompensa aumentará con cada paso que dé.

La gente quiere unirse a un movimiento que incluya la vinculación con otras personas y ser parte de una comunidad que hace algo más grande que ellos mismos. Sus esfuerzos son recompensados al obtener identidad personal y reconocimiento. Rob y yo deseamos eso para usted. Queremos que *Cambie su mundo* sea un recurso que lo ayude a formar parte de un movimiento de transformación. Para que esto suceda, todos necesitamos ponernos de acuerdo. Seamos parte del movimiento para marcar la diferencia.

Por qué algunos intentos por crear un movimiento no tienen éxito

Rob y yo hemos trabajado durante décadas para tratar de promover movimientos de transformación. Rob ha trabajado con niños y jóvenes en casi todos los países del mundo por más de treinta años. Durante cuarenta años he formado a líderes de todo el mundo, y en la última década he ido a países en desarrollo para capacitar a personas que puedan liderar mesas redondas de transformación. Además, Rob también ha estudiado los movimientos, como líder autorizado y como académico.

En el proceso, hemos aprendido algunas cosas sobre la transformación, lo que funciona y lo que no. Queremos que se familiarice con lo que hemos observado, para ayudarlo a tener éxito, ya sea que esté tratando de liderar un movimiento o de unirse a uno. Empecemos por ver por qué muchos intentos de movimientos fallan.

Falta de unidad

¿Recuerda el Movimiento Ocupa Wall Street? Fue un gran acontecimiento hace una década, pero ya no existe. Comenzó el 17 de septiembre de 2011, cuando doscientas personas se reunieron en el Zuccotti Park, en el distrito financiero de la ciudad de Nueva York, y acamparon allí en tiendas de campaña durante casi un mes para protestar por la desigualdad de ingresos. El catalizador de la reunión fue un cartel con el mensaje: «¿Cuál es nuestra única demanda? Ocupar Wall Street. Traiga una tienda de campaña».[1] La gente respondió y se presentó.

Si «ocupar» era su objetivo, entonces se podría decir que tuvieron éxito. ¿Pero qué es lo que realmente trataban de lograr? Es difícil de decir. Se reunieron en el mismo lugar, pero no se unieron por la misma causa. He aquí algunos de los temas que Ocupa Wall Street quería abordar:

- La desigualdad de ingresos
- La necesidad de un salario mínimo más alto
- Protestar contra el oleoducto Keystone XL
- El cambio climático
- Manifestarse en contra de la fracturación hidráulica
- La influencia de las empresas en la política
- La crisis de la deuda estudiantil[2]

Según la revista *Atlantic*: «Ocupa Wall Street era, básicamente, un movimiento limitado por sus propias contradicciones. Estaba lleno de líderes que declaraban que el movimiento no tenía líderes, se regía por una estructura basada en el consenso que no lograba el consenso, y buscaba transformar la política, pero se negaban a convertirse en políticos».[3] No es de extrañar que Ocupa Wall Street se haya esfumado.

> CUANDO SE ESTÁ *EN CONTRA* DE ALGO, EN VEZ DE *A FAVOR* DE ALGO, ES DIFÍCIL CREAR UNA AGENDA CON OBJETIVOS CLAROS Y FORMAR UN MOVIMIENTO.

AUSENCIA DE UN OBJETIVO POSITIVO

Cuando se está *en contra* de algo, en vez de *a favor* de algo, es difícil crear una agenda con objetivos claros y formar un movimiento. Esa fue otra limitante de Ocupa Wall Street. Los que participaron en este breve movimiento fueron muy explícitos sobre las muchas cosas a las que se oponían, pero no había un mensaje positivo claro respecto a las cosas que apoyaban.

¿Por qué es una limitación no tener un objetivo positivo? Expresar su oposición a algo no genera transformación. No puede impulsar un proceso de transformación a partir de aquello que no le gusta. La emoción negativa suele ser lo primero que sentimos cuando vemos una injusticia o una tragedia, y esa emoción negativa suele ser la más fuerte que sentimos, pero no es duradera. Y no es particularmente saludable tratar de mantenerla. Además, estar en contra de algo no es atractivo, no atrae a la gente positiva que quiere trabajar por un cambio positivo. Si quiere generar un cambio positivo en el mundo, tiene que estar *a favor* de algo.

LIDERAZGO INADECUADO

Según el autor Seth Godin, cuando vemos un problema o una injusticia «lo más fácil es reaccionar. Lo segundo más fácil es responder. No obstante, lo más difícil es dar comienzo a algo».[4] Sin embargo, eso es lo que los líderes de la transformación deben hacer. Necesitan comenzar. Ese es el primer paso para cambiar el mundo definitivamente.

Uno de los mayores movimientos del siglo veinte fue el movimiento por los derechos civiles de los afroamericanos en Estados Unidos. Su líder fue Martin Luther King Jr. Alcanzó protagonismo nacional cuando le pidieron que liderara un boicot de autobuses en Montgomery, Alabama, en 1955 y 1956, por sus antecedentes, su prestigio profesional y su liderazgo. Se considera que el boicot fue la primera manifestación de gran envergadura contra la segregación en Estados Unidos.

> «LO MÁS FÁCIL ES REACCIONAR. LO SEGUNDO MÁS FÁCIL ES RESPONDER. NO OBSTANTE, LO MÁS DIFÍCIL ES DAR COMIENZO A ALGO».
> —SETH GODIN

Cuando el boicot terminó, la Corte Suprema dictaminó que la segregación en el transporte público era ilegal.[5]

A principios de 1957, tras el éxito del boicot, King y otros sesenta ministros y líderes de los derechos civiles fundaron la Southern Christian Leadership Conference (SCLC, por sus siglas en inglés), y King fue elegido presidente de la organización.[6] La SCLC se basó en una filosofía de no violencia cristiana y enfocó los derechos civiles como una cuestión moral. Con King al frente, la organización coordinó campañas de protestas masivas no violentas, campañas para el registro de votantes y la Marcha sobre Washington por el Empleo y la Libertad, en la que se calcula que participaron unas 250 000 personas.[7] La marcha ayudó a precipitar la aprobación de la Ley de Derechos Civiles de 1964 y la Ley de Derecho al Voto de 1965.[8] Por sus esfuerzos, King recibió el Premio Nobel de la Paz. A la edad de treinta y cinco años, fue, en ese momento, la persona más joven en recibirlo.[9]

> LOS MOVIMIENTOS DE TRANSFORMACIÓN NO SON EXITOSOS NI SOSTENIBLES A MENOS QUE SEAN LIDERADOS POR LÍDERES TRANSFORMADORES.

En 1968, cuando el movimiento por los derechos civiles ganaba impulso, King fue asesinado. Su amigo cercano y vicepresidente de la SCLC Ralph David Abernathy lo sucedió, pero el movimiento nunca volvió a ser el mismo. Desde la muerte de King, nadie ha sido capaz de estar a la altura de su liderazgo. Pueden recibir su antiguo título, pero no pueden liderar ni defender la causa como él lo hizo. La enseñanza es que los movimientos de transformación no son exitosos ni sostenibles a menos que sean liderados por líderes transformadores. Como todo lo demás, surgen o se desploman por el liderazgo.

Quiero expresar una última idea sobre el liderazgo. Los grandes líderes como Martin Luther King Jr. no empezaron como grandes líderes. En realidad, King no se propuso ser el líder del movimiento. Otros lo llevaron a esa posición. Era parte de un pequeño grupo que quería hacer algo respecto a la injusticia racial en Estados Unidos. Cuando King empezó a participar, él y sus amigos simplemente hicieron lo que *pudieron* donde *estaban*. A partir de ahí, continuaron avanzando. La enseñanza es que los grandes líderes que marcan la diferencia no nacen así. Se forman a medida que avanzan junto con otros en el empeño de marcar la diferencia para quienes los rodean.

FALTA DE APOYO ORGANIZATIVO

En determinado momento, para que un movimiento sea sostenible, necesita personas que lo apoyen desde el punto de vista organizativo. De lo contrario, se apagará. Sin embargo, eso no significa que el apoyo deba venir de una organización formal en un sentido tradicional. Solo debe incluir a personas que se dediquen a ayudar a todos los demás participantes. Ya sea que provenga de un solo líder, un grupo de voluntarios o una organización formal con empleados remunerados, el apoyo cumple la misma función: ayuda a las personas que luchan por la causa a trabajar juntas, a comunicarse y a ser más útiles. Los que brindan apoyo se convierten en la columna vertebral del movimiento.

PENSAR QUE EL DINERO ES LA RESPUESTA

Hay otro obstáculo que puede impedir que un movimiento en potencia avance. Es la creencia de que, *si tuviéramos el dinero*, nuestros problemas se resolverían. Si bien es cierto que hay algunas cosas que solo se pueden hacer si se tienen los recursos, no es cierto que el dinero resuelva todos los problemas. Por ejemplo, el Grupo de Evaluación Independiente del Banco Mundial determinó que de veinticinco países pobres en los que invirtieron desde mediados

> EL DINERO NO GENERARÁ AUTOMÁTICAMENTE UN MOVIMIENTO. LA TRANSFORMACIÓN NO SE PUEDE COMPRAR.

de los años 90 hasta principios de los años 2000, la mitad mostraba los mismos o peores índices de pobreza que antes de que se invirtieran allí miles de millones de dólares en ayuda.[10]

El dinero no generará automáticamente un movimiento. La transformación no se puede comprar. Hay movimientos que han comenzado sin que se gaste un centavo, y gente rica que ha gastado millones tratando de hacer que algo suceda sin resultados. Piense en la campaña del multimillonario Michael Bloomberg durante las primarias presidenciales de 2020. Gastó casi mil millones de dólares en su campaña.[11] Esa cantidad fue mayor que la de todos los otros candidatos demócratas que siguieron en la contienda juntos.[12] Como resultado de todo ese gasto, ganó una primaria: Samoa Americana.[13]

A Bloomberg le faltaba una base popular que creyera en su visión, su estrategia y su capacidad para transformar la nación. Si un gran grupo de personas que creyera en él hubiera estado en el terreno apoyando su liderazgo, su dinero hubiera sido una herramienta útil para su campaña, pero como Bloomberg no estaba respaldado por ningún movimiento, trató de pagar para tener uno. Al final, hizo lo único que podía hacer: abandonar la contienda.

CÓMO SE PRODUCE LA TRANSFORMACIÓN

¿Qué es lo que hace que los movimientos prosperen? ¿Cómo se produce la transformación? ¿Cuáles son las claves para el cambio? Queremos mostrarle seis imágenes que ilustran cómo se producen los movimientos de transformación:

Una cascada: De arriba hacia abajo; requiere de liderazgo

La transformación comienza con la influencia, y la influencia siempre fluye de arriba hacia abajo, como una cascada, no hacia arriba. Para que la transformación ocurra, los líderes deben participar de forma activa. En la división de capacitación corporativa de la John Maxwell Company, comprobamos esta verdad una y otra vez. Cuando una organización contrataba a nuestro equipo para capacitar a sus empleados, el indicador número uno para saber si la capacitación funcionaría era el nivel de participación de los líderes. Si los líderes de la organización *enviaban* a sus equipos a la capacitación, los resultados eran desiguales y mediocres. Si los líderes *se unían* a sus equipos en la capacitación, los resultados eran consistentes y positivos. Para tener alguna posibilidad de una transformación significativa, los líderes deben aportar al movimiento su voz, su aprobación, su influencia y su participación.

Rob comenzó a liderar OneHope durante la época de la *glasnost* y la *perestroika* en la Unión Soviética, cuando la URSS estaba a punto de fracasar. En ese momento, el ministro de educación soviético se acercó a la organización de Rob y pidió reunirse con él. Él y otros líderes del país estaban preocupados. Quería saber sobre los valores que el equipo de Rob les enseñaba a niños de todo el mundo mediante el *Libro de vida*, publicado por OneHope. El ministro le expresó a Rob: «Algo nuevo está llegando a nuestro país, y se llama posibilidad de "elección". Y con la elección, vendrá todo de Occidente. Películas, música, drogas y pornografía. ¡Es posible que enfrentemos la mayor catástrofe moral que el mundo haya visto! Si lo que me dice es cierto y este libro puede traer esperanza y brindar respuestas a nuestros niños, le damos la bienvenida a nuestra nación».

> LA TRANSFORMACIÓN COMIENZA CON LA INFLUENCIA, Y LA INFLUENCIA SIEMPRE FLUYE DE ARRIBA HACIA ABAJO, COMO UNA CASCADA, NO HACIA ARRIBA.

Rob salió de esa reunión con una carta que le permitía a OneHope distribuir el *Libro de vida* a 58 millones de niños, es decir, a todos los alumnos de la Unión Soviética. ¿Cómo fue posible? El ministro de educación había indagado sobre OneHope, que había ganado credibilidad bajo el liderazgo del padre de Rob, Bob. OneHope había trabajado en El Salvador con su ministro de educación, luego en Chile durante la presidencia de Augusto Pinochet, y en Nicaragua cuando estaba dirigida por Daniel Ortega. Los esfuerzos de OneHope habían ayudado a niños en otros contextos, lo que hizo que el ministro de educación de la URSS creyera que podían dar resultado allí. El permiso de ese líder facultó a Rob para actuar. Sin ese permiso, OneHope nunca habría podido hacer *nada* en la URSS. Eso demuestra que cuando los líderes usan su influencia para apoyar algo, pueden hacer que las cosas sucedan.

Cuando la Fundación de Liderazgo John Maxwell (JMLF, por sus siglas en inglés) comenzó a enseñar valores en Guatemala y a ver resultados positivos en todo el país, la gente de otras naciones comenzó a contactarnos y a pedirnos que implementáramos iniciativas similares en sus países. Aunque siempre valoramos la perspectiva de ir a nuevos países, sabemos que nuestros esfuerzos solo podrán tener éxito si los principales líderes del país se han convencido de la idea. Hasta ahora, además de Guatemala, hemos comenzado a enseñar valores a través de mesas de transformación en Paraguay y Costa Rica porque los presidentes de esos países nos invitaron.

También nos ha contactado G. T. Bustin, quien dirige dos organizaciones benéficas internacionales en Papúa Nueva Guinea. Tiene un gran deseo de servir a su nación, y cuando supo lo que hacíamos en América Latina, nos pidió que fuéramos a Nueva Guinea para enseñar valores por medio de mesas redondas. Dos de mis líderes de organizaciones sin fines de lucro, George Hoskins y John Vereecken, viajaron a Nueva Guinea para reunirse con G. T. y encontraron a un líder que les dijo que estaba harto de la corrupción en su país.

George y John comprendieron que G. T. era un hombre íntegro que quería sinceramente cambiar su mundo. La necesidad de cambio era evidente, y las posibilidades eran buenas. Sin embargo, para ir allí, era necesario que los líderes del país estuvieran de acuerdo y apoyaran el proyecto. George y John se lo hicieron saber a G. T., quien empezó a contactar a líderes del sector empresarial y del gobierno de Nueva Guinea. Varios meses después, recibimos un mensaje del primer ministro de la nación, invitándonos a ir a su país para iniciar el proceso.

Cuando implementemos las mesas de transformación en Nueva Guinea, que esperamos sea en 2021, haremos lo mismo que cuando aceptamos la invitación a cualquier país. Nos pondremos en contacto con líderes de alto nivel de cada una de las ocho esferas de influencia y les pediremos que se comprometan a ser parte activa del proceso. Solo comenzaremos cuando se comprometan y brinden su apoyo e influencia a la iniciativa.

La influencia fluye hacia abajo, no hacia arriba. La participación del liderazgo de la cima permite que nuestros esfuerzos de transformación caigan en cascada hacia las ocho esferas de influencia y fluyan a todo el país.

UNA ESCALERA: DE ABAJO HACIA ARRIBA; PROMUEVE LA MOVILIDAD

Mientras la influencia fluye hacia abajo, la transformación va de abajo hacia arriba. Por eso la asociamos con la imagen de una escalera. Cuando usted ayuda a las personas a mejorar su vida, las personas crecen. Comienzan a soñar con un mundo mejor, lo cual es maravilloso, porque la única tragedia más grande que morir con sueños incumplidos es no haber soñado nunca.

En 1931 James Truslow Adams acuñó la frase *el sueño americano* en su libro *La epopeya de América*. Durante la Gran Depresión, vio la gran esperanza que brindaba Estados Unidos, donde las personas podían levantarse y desarrollar su potencial sin muchas de las barreras sociales y económicas que en otras partes del mundo la gente había enfrentado durante generaciones. Adams escribió:

> El *sueño americano* es el sueño de una tierra en la que la vida sea mejor, más rica y más plena para cada hombre, con oportunidades para cada uno de acuerdo a su capacidad y logros. Para las clases altas europeas es un sueño difícil de comprender adecuadamente, y muchos de nosotros mismos nos hemos cansado y desconfiamos de él. No es tan solo un sueño de automóviles y salarios altos, sino el sueño de un orden social en el que cada hombre y mujer pueda alcanzar el máximo de sus potencialidades, y se ganen el reconocimiento de los demás por lo que son, independientemente de las circunstancias fortuitas de su nacimiento o posición.[14]

> «SUS CIRCUNSTANCIAS ACTUALES NO DETERMINAN A DÓNDE PUEDE LLEGAR; SOLO DETERMINAN DÓNDE DEBE EMPEZAR».
> —NIDO QUBEIN

Creemos que lo que se ha llamado «el sueño americano» podría convertirse en el sueño de todos los países porque todas las personas desean alcanzar su potencial y vivir una vida mejor. Sin embargo, debe haber una escalera disponible para ellos. Aun así, ¿la escalera da lugar al sueño? ¿O el sueño crea la escalera? La respuesta puede ser sí en ambos casos, mientras haya esperanza. Cuando usted tiene esperanza, las palabras de Nido Qubein, presidente de la Universidad de High Point, parecen ciertas: «Sus circunstancias actuales no determinan a dónde puede llegar; solo determinan dónde debe empezar».

Cuando se motiva a las personas a soñar, cuando se les ayuda a mejorarse a través de buenos valores y se les capacita para subir la escalera del éxito, también pueden empezar a generar cambios positivos para los demás. Pueden pasar de un pensamiento de supervivencia en el que se preguntan: «¿cómo puedo llegar al final del día?», a un pensamiento significativo, con la pregunta: «¿cómo puedo alegrarle el día a otra persona?».

Vimos este cambio de un pensamiento de supervivencia a un pensamiento significativo durante la pandemia del coronavirus (COVID-19) en 2020:

- Los profesores impartieron sus clases en línea.
- Los vecinos compartieron cosas esenciales como comida, agua y papel higiénico.
- Las tiendas destinaron horarios especiales para atender a los ancianos y a las personas con problemas de salud.
- Los restaurantes ofrecieron entregas gratuitas.
- Los vecinos se cantaban unos a otros desde los balcones en Italia.
- Personas donaron grandes cantidades de dinero en efectivo a los bancos de alimentos.
- Los empleadores encontraron formas de seguir pagando los salarios a pesar de que sus negocios habían cerrado.
- Los vecinos colocaron luces de Navidad para levantar los ánimos.
- Los músicos ofrecieron conciertos en línea.
- La gente compró tarjetas de regalo de pequeños negocios para mantenerlos a flote.

Hubo una generosidad de espíritu entre las personas.

Martin Luther King Jr. se refería a este tipo de espíritu positivo y desinteresado cuando expresó:

Una verdadera revolución de valores hará que pronto empecemos a cuestionarnos la justicia y la equidad de muchas de nuestras políticas pasadas y presentes. Por un lado, estamos llamados a representar al buen samaritano a un costado del camino de la vida, pero eso será solo el acto inicial. Un día debemos llegar a comprender que todo el camino de Jericó debe cambiarse, para que los hombres y las mujeres no sean constantemente golpeados y asaltados durante su viaje por los caminos de la vida. La verdadera compasión es más que lanzarle una moneda a un mendigo. Es llegar a ver que una edificación que produce mendigos necesita reestructurarse.[15]

Qubein expresó: «Los movimientos de transformación que valoran a las personas y les agregan valor pueden reconstruir nuestro mundo». A medida que la JMLF comenzó a ayudar a las personas a aprender buenos valores y a vivir según ellos, estas se volvieron más capaces. Desarrollaron un mayor respeto por sí mismas y una mayor conciencia de sí mismas. Fueron mejores trabajadores, cónyuges, padres y ciudadanos. Sus vidas mejoraron, y comenzaron a ayudar a otros a mejorar sus vidas.

UN CORAZÓN: DE ADENTRO HACIA AFUERA; ABRAZA LOS VALORES

El empresario, Bill McDermott, expresó: «Todo movimiento tiene un único punto de origen». Ese origen siempre está en el corazón de una persona. Es una expresión del corazón, que nace de los valores que esa persona ha abrazado, y desde allí fluye hacia afuera y se manifiesta en su comportamiento y su expresión. Desde allí, puede extenderse a otros.

Cuando la JMLF se preparó para implementar su iniciativa de la mesa redonda sobre valores transformadores en Guatemala, los instructores principales, Dawn Yoder y Mike Poulin, buscaron una manera de comunicar concisamente el espíritu de lo que tratábamos de hacer a los más de doscientos instructores voluntarios que habían viajado a Guatemala para capacitar a los facilitadores de las mesas redondas. El objetivo final era la transformación del país a medida que su gente aprendiera buenos valores y viviera conforme a ellos. Eso puede parecer un objetivo muy idealista. ¿Cómo podría hacerse realidad? Comenzó cuando los facilitadores aprendieron y vivieron ellos mismos según esos buenos valores mientras animaban a las personas en sus mesas de transformación a hacerlo. Vivir según buenos valores precede a ofrecer buenos valores. Como las personas hacen lo que ven, los facilitadores tenían que ser ejemplos de los valores que compartían. La transformación es más que una lección que debe aprenderse; es una vida que hay que vivir. Eso no sucede cuando se impone desde el exterior. Ocurre desde el interior cuando la gente hace suyos los valores en su corazón. Para comunicar esta verdad transformadora, Dawn y Mike repetían una frase mientras les presentábamos las mesas de transformación a esos voluntarios: «La transformación está en mí».

Toda persona tiene el potencial de experimentar la transformación, y todos los que formaban parte de una mesa de transformación debían entender dos cosas. Primero, debían ver el valor en ellos mismos antes de poder ver el valor de ayudar a otros a transformarse. Y segundo, tenían que reconocer que lo único que necesitaban para lograr una vida mejor era tener la voluntad de vivir según los buenos valores. Se dice que Mahatma Gandhi expresó: «Sus valores se convierten en su destino». Si cada persona se ocupa de su propia transformación, y suficientes personas hacen lo mismo, la empresa, la organización, la comunidad y el país cambiarán.

MANOS UNIDAS: LADO A LADO; DESEA LAS ASOCIACIONES

La Ley del Monte Everest en *Las 17 leyes incuestionables del trabajo en equipo* afirma: «A medida que el desafío crece, la necesidad de un trabajo en equipo aumenta». La transformación de cualquier comunidad es un desafío similar al del monte Everest, lo que significa que requiere que muchas personas trabajen juntas. Eso significa establecer asociaciones.

Durante mi trabajo para dirigir esfuerzos de transformación en lugares de todo el mundo, mis organizaciones siempre se han centrado en establecer asociaciones. A veces hemos tenido éxito, y a veces no, pero hemos aprendido mucho en ambos casos. Cuando la JMLF comienza a trabajar para llevar la transformación a un país, siempre trabajamos con organizaciones locales que estén bien dirigidas y quieran cambiar su mundo. Nos ayudan a vincularnos y a asociarnos con los líderes de las ocho esferas de influencia, que como hemos expresado son el gobierno, la educación, los negocios, la religión, los medios de comunicación, las artes, los deportes y la asistencia médica. Los líderes de esas áreas se unen para formar un consejo. Juntos, identifican las necesidades más apremiantes de su nación y lo que se puede hacer para que el país sea mejor.

> «A MEDIDA QUE EL DESAFÍO CRECE, LA NECESIDAD DE UN TRABAJO EN EQUIPO AUMENTA».

Los desafíos varían de una región a otra, según sus necesidades y cultura. En Guatemala, la JMLF se comprometió a enseñar valores a los niños en la escuela durante 180 días al año. En Papúa, Nueva Guinea, los dirigentes querían trabajar para poner fin a la violencia de género. Cualesquiera que sean los objetivos, la JMLF ofrece su influencia, sus recursos e instrumentos para ayudar a los líderes de estas ocho esferas. A medida que estos líderes cambian, comienzan a tener un impacto transformador en las personas que los rodean.

Cuando las personas adoptan buenos valores, comprenden que tienen el potencial de cambiar su propia vida. Comienzan a darse cuenta de que tienen la oportunidad de agregar valor a los demás. Y la transformación comienza a extenderse y a producir un cambio positivo duradero, primero a nivel personal, luego a nivel de la comunidad y, finalmente, a nivel nacional.

En pocas palabras, la transformación comienza en el individuo, crece en la comunidad e impacta en la sociedad. Sin embargo, el proceso siempre comienza con asociaciones basadas en intereses comunes. Eso es posible incluso con personas de orígenes y culturas completamente diferentes. Un ejemplo extraordinario de esto lo vemos en una historia que Rob cuenta sobre William Carey, un misionero y educador inglés que se trasladó a la India en 1793 y permaneció allí hasta su muerte en 1834. Unos años después de establecerse en la India, presenció el ritual llamado *satí*, la muerte ceremonial de una viuda quemada en la pira funeraria de su marido recientemente fallecido.

La horrible práctica de las viudas que se inmolaban en la pira estaba profundamente arraigada en algunas partes de la India. Los primeros registros occidentales indican que la acción se venía produciendo desde hacía al menos dos mil años.[16] El término *satí* significa «esposa virtuosa», y se creía que la práctica del sacrificio era sagrada.

Desde la primera vez que Carey presenció el *satí*, y le rogó sin éxito a la viuda que no permitiera que la quemaran, trabajó sin descanso para detener esta práctica que degradaba a las mujeres de forma tan cruel. Carey se vinculó a influyentes líderes indios y trabajó con ellos para conseguir que el *satí* se prohibiera; logró formar una asociación con el reformador social y religioso hindú Raja Ram Mohan Roy. Su punto en común era la convicción de que todas las personas tenían valor. Juntos persuadieron al gobernador lord William Bentinck para que declarara ilegal la práctica.[17] El ritual *satí* fue finalmente prohibido en 1829.

Si personas de dos áreas distantes del mundo, de dos culturas muy diferentes, que profesaban religiones completamente distintas, pudieron encontrar puntos en común para asociarse, entonces es posible confiar en que podemos asociarnos con cualquier persona si estamos dispuestos a intentarlo.

En su libro *Power of 2* [El poder de dos], Rodd Wagner y Gale Muller escriben sobre las asociaciones y lo importante que son para lograr el éxito. Mediante una investigación de Gallup, identificaron ocho elementos que influyen en una asociación poderosa, a los que Rob y yo añadimos otros dos:

- Fortalezas que se complementan entre sí
- Una misión común
- Imparcialidad
- Confianza
- Aceptación
- Perdón
- Comunicación
- Generosidad[18]
- Tiempo
- Valorar la contribución del socio

Mientras se prepare para asociarse con otros en su empeño de tratar de cambiar su mundo, busque estos valores comunes que aumentan sus probabilidades de éxito.

Diremos algo más al respecto. Seguramente notó que en opinión de Wagner y Muller tener una misión común se ubica cerca de la cima de la lista. Lo interesante es que, aunque los socios deben estar de acuerdo en la misión, no necesitan tener motivos comunes para intentar cumplirla. Wagner y Muller afirman:

Aunque usted y su colaborador deben estar de acuerdo en su misión, no tienen que tener los mismos motivos para llevarla a cabo. Las asociaciones exitosas a menudo tienen diferentes motivaciones para realizar el esfuerzo. Esto no suele obstaculizar la alianza, sobre todo si ambos entienden la fuerza impulsora que motiva al otro y trabajan para que esas esperanzas se cumplan.[19]

Sin embargo, sin esa misión común, los socios tienden a desviarse hacia sus propios objetivos individuales.

UNA MESA: DE POCOS A MUCHOS; PERMITE EL CRECIMIENTO

La transformación nace en el corazón de un individuo, y el crecimiento del movimiento ocurre alrededor de una mesa. Los movimientos de masas no comienzan con las masas. Comienzan con unas pocas personas. Cuando las personas pueden sentarse alrededor de una mesa para contribuir en igualdad de condiciones, todos ganan.

Solo recientemente hemos empezado a usar las mesas de transformación en Costa Rica, pero ya estamos escuchando historias de crecimiento. Una de esas historias es la de Juanita García. Ella y su familia se mudaron de Nicaragua a Costa Rica para buscar una vida mejor. Soñaba con continuar su educación, pero tuvo que dejar la escuela primaria para poder trabajar y ayudar a su familia. Se convirtió en madre cuando todavía era adolescente y perdió la esperanza de mejorar su vida.

> LOS MOVIMIENTOS DE MASAS NO COMIENZAN CON LAS MASAS. COMIENZAN CON UNAS POCAS PERSONAS.

Aun así, posteriormente se puso en contacto con una organización que ayudaba a mujeres jóvenes en esa situación. Fue allí donde se unió a las mesas de transformación. Juanita manifestó: «Experimenté el mayor cambio de mi vida porque descubrí que mi historia podía cambiar si veía venir las oportunidades». Según lo que aprendió al practicar la *iniciativa* como valor personal, se matriculó en la escuela nocturna y completó su educación. Su éxito inspiró a su esposo a inscribirse en la escuela técnica. Y su hijo, Matías, también se convirtió en un mejor estudiante. Además, su éxito la inspiró a capacitarse como facilitadora de mesas de transformación. «Lo hice para ayudar a otras mujeres de mi comunidad con historias similares a la mía, para que tengan la oportunidad de una nueva forma de vida, una vida de transformación».

Este concepto de las mesas de transformación es tan importante para cambiar su mundo que Rob y yo le hemos dedicado todo un capítulo, así que no entraremos en detalles aquí. Solo diremos que las mesas de transformación brindan un lugar seguro para sentarse, aprender y compartir buenos valores. Desde allí pueden extenderse, y proporcionar un lugar para que todos se conviertan en parte del movimiento.

UN PUENTE: DE AQUÍ HACIA ALLÁ; CONDUCE A LA TRANSFORMACIÓN

El objetivo final de todo movimiento es lograr un futuro mejor. Esto comienza con los buenos valores. Los buenos valores generan crecimiento. El crecimiento da lugar a la transformación. La transformación da origen a un movimiento. El movimiento provoca el cambio. Y el cambio nos ayuda a avanzar hacia un futuro mejor. Todas estas etapas juntas forman un puente de aquí hacia allá. Cruzar el puente y hacer este viaje de aquí hacia allá se convierte en una gran historia, una que vale la pena contar. A medida que las personas la comparten, otros quieren unirse y formar parte de ella. Eso los inspira a crecer, y mientras lo hacen, el ciclo completo continúa.

Cuando pensamos en la palabra *transformación* o escuchamos la palabra *movimiento*, a veces imaginamos que tiene que ser algo grande. Sin embargo, a veces las pequeñas acciones producen efectos muy positivos en una comunidad de personas. Por ejemplo, en una pequeña escuela rural de Paraguay había conflictos entre los profesores y el director. La comunicación entre ellos era tensa en el mejor de los casos, y no había el más mínimo sentido de colaboración. Sin embargo, en esa escuela se estaba implementando el programa YoLidero. Al profesorado se le confió la tarea de supervisar a los estudiantes mientras facilitaban las mesas de transformación. Como parte del plan, los profesores también tuvieron la oportunidad de interactuar entre sí para discutir cómo iba el programa y lo que estaban aprendiendo los estudiantes. Para su sorpresa, las discusiones abrieron vías de comunicación entre los profesores. Eso les inspiró a comunicarse mejor con el director. Y como resultado, todos se volvieron más colaborativos. Juntos, habían construido un puente que permitió que toda la escuela se transformara.

Al pensar en estas seis imágenes (una cascada, una escalera, un corazón, manos unidas, una mesa y un puente), ¿puede verse en una o más de ellas? Esperamos que sí. Porque debe sentirse inspirado si quiere formar parte de un movimiento más grande que usted mismo. Esperamos que estas imágenes lo motiven a cambiar y crecer.

¿Con qué imagen se identifica más? ¿Cuál concuerda mejor con usted? Tal vez eso pueda revelar su papel fundamental en un movimiento de transformación. Sin embargo, más importante aún, puede ayudarle a entender cómo funciona un movimiento de transformación.

En este capítulo y en los anteriores, el tema de los valores ha surgido varias veces. Hay una razón para ello. No puede lograr un impacto positivo ni hacer que su mundo sea mejor a menos que construya todo lo que haga sobre buenos valores. Son la parte más importante de todo movimiento de transformación. Y es por eso que hemos dedicado el siguiente capítulo a la importancia de los valores.

CAPÍTULO 5

EXPERIMENTE EL VALOR DE LOS VALORES

La visión y la misión son la mente y el corazón de
las personas, pero los valores son su alma.

Poco después del escándalo de Enron a principios de 2000, cené con Larry Kirshbaum, quien era entonces gerente general del Time Warner Book Group, y hablamos sobre el deterioro de los valores. Larry me pidió que escribiera un libro sobre ética empresarial para las corporaciones estadounidenses.

Inmediatamente comprendí que sería un reto. La buena ética empresarial es el resultado de conocer y vivir según buenos valores. Me pregunté si habría un valor que pudiera ser aceptado por todas las personas, sin importar su cultura o religión. Necesitaba identificar un valor que pudiera ser la base de toda conducta humana. Luego de algunas semanas de análisis e investigación, llegué a la conclusión de que la regla de oro era ese valor fundamental y que las personas de todas partes podían construir su vida ética basada en ella. Después de todo, descubrí que la regla de oro era parte de casi todas las culturas y religiones. He aquí algunos ejemplos:

- **Cristianismo**: «Haz a los demás todo lo que quieras que te hagan a ti».[1]
- **Islam**: «Ninguno de ustedes creerá hasta que desee para su hermano o su vecino lo que desea para sí mismo».[2]
- **Judaísmo**: «No hagas a otros lo que para ti sea odioso. Esa es toda la Torá; lo demás son comentarios».[3]
- **Budismo**: «No hieras a los demás de formas que tú mismo encontrarías hirientes».[4]
- **Hinduismo**: «Esta es la suma del deber; no hagas a los demás lo que no quieres que te hagan a ti».[5]
- **Zoroastrismo**: «No hagas a los demás lo que sea desagradable para ti».[6]
- **Confucianismo**: «No hagas a los demás lo que no quieres que te hagan a ti».[7]
- **Bahaísmo**: «Y si tus ojos se vuelven hacia la justicia, elige para tu prójimo lo que elijas para ti».[8]
- **Jainismo**: «Un hombre debe tratar a todas las criaturas como a él le gustaría ser tratado».[9]
- **Proverbio yoruba (Nigeria)**: «Una persona que va a tomar un palo puntiagudo para pinchar a un pajarito, primero debe probarlo en sí mismo para sentir cómo duele».[10]

Así que accedí a escribir *Ethics 101* [Ética 101]. Y desde entonces, me he comprometido a enseñar valores por el resto de mi vida.

ARGUMENTOS A FAVOR DE LOS BUENOS VALORES

Se sabe que en mi opinión todo surge o se desploma por el liderazgo. Pero ¿sabe cuáles son las dos cosas que determinan que surja el liderazgo? La primera es la *competencia*. Nadie quiere seguir a un líder incompetente. La segunda son los *valores*. Los valores son principios que guían sus decisiones y comportamiento. Cuando esos valores son buenos, solo traen beneficios, nunca daño, a usted mismo y a los demás. Cuando los líderes tienen buenos valores, que se reflejan en su comportamiento, las personas están dispuestas a confiar en ellos y a seguirlos. Los buenos valores permiten a los líderes, y a todos, ayudar a las demás personas.

Recientemente leí *El juego infinito* de Simon Sinek, donde discute la diferencia entre una causa justa y el *porqué* de una persona. Afirma que una causa justa es una visión específica de un estado futuro que aún no existe, un estado futuro tan atractivo que las personas están dispuestas a hacer sacrificios para contribuir al logro de esa visión. Sinek contrasta eso con el *porqué:*

> LOS VALORES SON PRINCIPIOS QUE GUÍAN SUS DECISIONES Y COMPORTAMIENTO. CUANDO ESOS VALORES SON BUENOS, SOLO TRAEN BENEFICIOS, NUNCA DAÑO, A USTED MISMO Y A LOS DEMÁS.

Un *porqué* viene del pasado. Es una historia de nuestro origen. Es una declaración de quiénes somos, la suma total de nuestros valores y creencias. Una *causa justa* es sobre el futuro. Define hacia dónde vamos. Describe un mundo en el que esperamos vivir, y que nos comprometemos a construir. Cada persona tiene su propio *porqué* (y todos pueden conocer cuál es el suyo si deciden descubrirlo). Sin embargo, no tenemos que tener nuestra propia *causa justa*, podemos elegir unirnos a la de otra persona. En realidad, podemos iniciar un movimiento, o podemos decidir unirnos a uno y hacerlo nuestro...

Piense en el *porqué* como los cimientos de una casa: es el punto de partida. Le da fuerza y permanencia a lo que construyamos sobre él. Nuestra *causa justa* es la visión ideal de la casa que esperamos construir. Podemos trabajar toda una vida para construirla y aún así no la habremos acabado. Sin embargo, los resultados de nuestro trabajo ayudan a dar forma a la casa. A medida que pasa de nuestra imaginación a la realidad, inspira a más personas a unirse a la *causa* y a continuar el trabajo [...] por siempre.[11]

UNA *CAUSA JUSTA* ES SOBRE EL FUTURO. DEFINE HACIA DÓNDE VAMOS. DESCRIBE UN MUNDO EN EL QUE ESPERAMOS VIVIR, Y QUE NOS COMPROMETEMOS A CONSTRUIR.
—SIMON SINEK

La transformación es una causa justa que amerita nuestro compromiso. Rob y yo nos esforzamos al máximo en ello. Mi causa justa es preparar a las personas para que aprendan buenos valores y vivan según ellos, valores que aumenten su valor, para ellas mismas y para los demás. ¿A favor de qué causa justa trabaja usted? ¿Cuál es su visión de un futuro mejor? Sinek expresó que una causa justa debe cumplir con cinco criterios:

> SI QUEREMOS CAMBIAR NUESTRO MUNDO, NO PODEMOS SUBIR SIMPLEMENTE LA ESCALERA DEL ÉXITO. NECESITAMOS SUBIR LA ESCALERA DE LOS BUENOS VALORES.

- Tener una finalidad: positiva y optimista.
- Inclusiva: abierta a todos los que quieran contribuir.
- Orientada al servicio: para el beneficio esencial de los demás.
- Resistente y adaptable: capaz de soportar los cambios políticos, tecnológicos y culturales.
- Idealista: grande, audaz y en última instancia inalcanzable.[12]

Añadiría que debe basarse en buenos valores. Hace muchos años, James Dobson analizó la desilusión que muchas personas experimentan entre los treinta y cinco y cincuenta años de edad. A menudo se le llama crisis de la mediana edad. Dobson observó que la gente se desilusiona cuando descubre que ha estado viviendo con el sistema de valores equivocado. Lo expresó de esta manera: «De repente te das cuenta de que la escalera que has estado subiendo está apoyada en la pared equivocada».[13] Si queremos cambiar nuestro mundo, no podemos subir simplemente la escalera del éxito. Necesitamos subir la escalera de los buenos valores.

EL VALOR DE LOS BUENOS VALORES

Creo que la mayoría de las personas estaría de acuerdo en que los buenos valores son importantes, pero al mismo tiempo preferiría pasar a discutir una estrategia para cambiar el mundo. Es casi como si dieran por hecho los valores, y asumieran que la gente los aprenderá y adoptará por sí misma. Pero el *ser* tiene que preceder al *hacer* si usted desea cambiar su mundo. Por eso queremos dedicar todo este capítulo a hablar de los buenos valores y de cómo ayudar a las personas para que los adopten. Nada tiene un impacto mayor en su vida diaria que sus valores.

LOS BUENOS VALORES PERMITEN UN CAMBIO POSITIVO

Muchas de nuestras características personales son de nacimiento. Nacemos con ciertos talentos y capacidades y ciertos déficits. Cuando era niño, me encantaba jugar al baloncesto, pero nunca iba a ser lo suficientemente bueno como para ser un profesional. Simplemente no estaba en mí. De la misma manera, podrían amenazarme, incluso decirme que tengo que convertirme en un bailarín de ballet *o de lo contrario*... pero tendrían que proceder con el «o de lo contrario», pues no importa cuánto lo intente, nunca seré un bailarín de ballet.

Sin embargo, no sucede así cuando se trata de los valores. No importa dónde o cuándo haya nacido, no importa cuánto talento o inteligencia tenga, no importan las circunstancias de su educación, usted puede aprender, adoptar y practicar los buenos valores. Es su elección.

Cuando la JMLF comienza una iniciativa de transformación en un país, una de las primeras cosas que hacen los representantes de la fundación es pedirles a personalidades de las ocho esferas de influencia de ese país (gobierno, educación, negocios, religión, medios de comunicación, artes, deportes y asistencia médica) que elijan los valores que más quieren enseñar a la población. Para simplificar el proceso, les proporcionamos una lista de la que pueden elegir:

Actitud positiva	Gratitud	Capacidad de escuchar	Responsabilidad
Compromiso	Esperanza	Amor	Autorregulación
Comunicación	Humildad	Perseverancia	Autoestima
Valentía	Iniciativa	Crecimiento personal	Disposición a servir
Imparcialidad	Integridad	Prioridades	Disposición a aprender
Perdón	Amabilidad	Relaciones	Trabajo en equipo
Generosidad	Liderazgo	Respeto	Ética de trabajo

Dedique un momento a observar estos valores. ¿Cuál de ellos le gustaría desarrollar en su vida para mejorarla? La buena noticia es que todos están a su alcance. ¿Por qué? Porque cada valor es alcanzable si elige trabajar en él. Independientemente de su educación, inteligencia, dones y capacidades, puede tener en su vida cualquiera de estos valores, o todos. Puede decidir tenerlos. La elección es lo que marca la diferencia cuando se trata de valores. Elegir hace posible el cambio.

Una de las historias más notables de decisiones basadas en buenos valores nos llegó de México. Un empresario de Chihuahua decidió liderar mesas de transformación con sus empleados y utilizar el currículo de valores creado por la JMLF. El día que hablaron sobre el valor del perdón, el empresario, que dirigía el diálogo, percibió algo diferente a lo ocurrido en las sesiones anteriores. Esa diferencia se hizo evidente cuando René, uno de sus empleados, expresó: «El perdón me parece muy bien, y estoy dispuesto a ponerlo en práctica en mi vida, excepto en un área específica». Explicó

> LA ELECCIÓN ES LO QUE MARCA LA DIFERENCIA CUANDO SE TRATA DE VALORES. ELEGIR HACE POSIBLE EL CAMBIO.

que su hermano había sido asesinado muchos años antes. Sabía quién era el asesino, y sabía que su hermano había suplicado por su vida y que el individuo no había mostrado ninguna piedad. René había buscado activamente a ese hombre durante diez años. «Una vez que lo encuentre —manifestó—, me vengaré, lo mataré. Es la única manera de borrar el dolor y arreglar las cosas».

El empresario quedó horrorizado y no supo qué decir al final de la sesión.

Unas semanas más tarde, René pidió reunirse con el empresario. Cuando se vieron, el empleado expresó: «Finalmente encontré al asesino de mi hermano». El empresario sintió una opresión en el pecho, pues esperaba escuchar que René había matado al hombre. René reconoció que había hecho preparativos para vengarse, pero había quedado obsesionado con el diálogo sobre el perdón, y cuando finalmente llegó el momento, no pudo seguir adelante con la venganza. Decidió perdonar al hombre. Esta decisión no solo salvó otra vida, sino que permitió que René finalmente comenzara a curar sus heridas, y cambió la vida de todos los miembros de dos familias al romper el ciclo de la venganza violenta.

LOS BUENOS VALORES SIEMPRE VALORAN A LAS PERSONAS

¿Cómo sabe usted si un valor es bueno? Hay un criterio que debe cumplir. Debe valorar a las personas, a todas ellas, todo el tiempo, en todas las situaciones. Sin atajos, sin racionalizaciones, sin excepciones. Si el valor valora a las personas, entonces es positivo y digno de adoptarse. Si las devalúa de alguna manera, no es un buen valor. Los buenos valores siempre están en consonancia con la regla de oro. Como expresó Millard Fuller, fundador de Habitat for Humanity: «Para que una comunidad sea saludable, debe basarse en el amor y la preocupación de las personas por los demás».[14] Los buenos valores son la base de esa comunidad. Son inclusivos, no excluyen a nadie. Hacen que las personas se unan a pesar de las diferencias en cuanto a raza, etnia, religión y puntos de vista políticos.

Desafortunadamente, muchas personas en nuestro mundo en vez de sentirse valoradas se sienten devaluadas, lo cual las perjudica mucho y les impide disfrutar de la vida y alcanzar su potencial. Ese fue el caso de Cristian Molina, un joven de dieciocho años que vive en Costa Rica. Cuando era un niño, a menudo sufría el acoso de sus compañeros. Cambió de escuelas, pero no hubo mejoría.

Las cosas tampoco iban bien en casa. Su padre y su madrastra lo maltrataban, al igual que su madre. Constantemente le decían que no era bueno, que era estúpido, inútil, un fracaso. Cuando tenía dieciséis años su padre lo obligó a dejar la escuela para comenzar a trabajar. Trató de ir a la escuela nocturna para tratar de mejorar su vida, pero su padre le decía constantemente que perdía su tiempo al tratar de aprender. Por último, su padre fue un día a la tienda donde trabajaba, y delante de todos sus compañeros de trabajo le advirtió: «No solo vas a reprobar tu examen escolar, sino que vas a terminar en la calle, en busca de un trabajo que apenas te permitirá sobrevivir. No pienses nunca en tener hijos porque no podrás darles una vida decente».

Eso llevó a Cristian a tomar una decisión. Había estado aprendiendo valores, y recordó lo aprendido sobre tener una actitud positiva. «Tener una actitud positiva es esencial —expresó Cristian—. No solo determina tu nivel de satisfacción como persona, sino que también influye en la forma en que los demás interactúan contigo». Cristian entonces se fue a vivir con su tía. Estaba decidido a no permitir que otros abusaran de él. Se inspiró en otra enseñanza aprendida en la mesa. «Puedes hacer que tu vida sea una gran historia», manifestó. Eso es exactamente lo que hace ahora, y gracias a los valores que aprendió, tiene una mejor comprensión de su propio valor. «Ahora me gusta ayudar a los amigos con consejos y con mis experiencias. Hay personas que han tomado mejores decisiones y han mejorado su calidad de vida gracias a mi historia».

Hay pocas cosas en la vida más importantes que valorar a las personas. En realidad, esa norma de valorar a las personas es la piedra angular de mis organizaciones. Se lo recalco a mi personal. Insisto en ello con mis líderes. Cuando capacito a los nuevos miembros del John Maxwell Team para que se certifiquen como instructores y oradores, enfatizo este punto. Les digo: «Somos personas de valor que valoramos a los demás y les agregamos valor. Todo lo que hacemos debe cumplir esa norma».

> «SOMOS PERSONAS DE VALOR QUE VALORAMOS A LOS DEMÁS Y LES AGREGAMOS VALOR».

LOS BUENOS VALORES DEBEN SER PERSONALES

En su libro *Awaken the Leader Within* [Despierte su líder interior], Bill Perkins describe las diferencias entre prácticas, principios y valores:

> Una práctica es una actividad o acción que puede funcionar en una situación dada, pero no necesariamente en otra. A diferencia de una práctica, los valores se aplican a toda situación.
>
> Los valores también son diferentes de los principios. Un principio es una verdad *externa* tan fiable como una ley física

como la ley de la gravedad. Cuando Salomón expresó: «La respuesta amable calma el enojo, pero la agresiva echa leña al fuego», declaró un principio que es a la vez universal y atemporal...

Aunque reconozcamos la fiabilidad de muchos principios, solo internalizamos los que consideramos importantes. Cuando eso ocurre, el principio se ha convertido en un valor que usamos como un mapa *interno* para dirigir nuestra vida. Un valor, entonces, es un principio internalizado que guía nuestras decisiones.[15]

Mi amiga Dianna Kokoszka, que durante años ha sido instructora y mentora de algunos de los mejores agentes y corredores de bienes raíces de la empresa Keller Williams, me contó recientemente algo que hizo después de oírme hablar de los valores. Quería autoevaluarse brevemente para determinar en qué áreas de su vida estaba a la altura de sus valores y en cuáles no. «Fui a casa y anoté mis valores, escribí la definición que tenía de cada uno de ellos. Luego los revisé y escribí en qué momento o situación había demostrado bien ese valor, y evalué las ocasiones en que no los había demostrado al máximo —expresó Diana—. Este ejercicio me ayudó a centrarme en lo más importante en mi vida». Puso esos valores donde podía verlos todos los días para recordarse a sí misma lo que ella defendía y para reforzar sus acciones. «Pronunciarme a favor de los demás es muy importante para mí, y creeré en la grandeza potencial de las personas más de lo que ellas creerán en sus limitaciones. Lo hago centrándome en mis valores».

> «UN VALOR, ENTONCES, ES UN PRINCIPIO INTERNALIZADO QUE GUÍA NUESTRAS DECISIONES».
> —BILL PERKINS

Si quiere cambiar su mundo, debe interiorizar los buenos valores antes de poder cambiar algo en el exterior. Como afirma Rob, las personas transformadas cambian las comunidades. La transformación positiva surge de vivir según lo que nunca cambia en una época en la que todo lo que nos rodea parece estar cambiando.

LOS BUENOS VALORES CREAN ESTABILIDAD

Hay un viejo dicho que afirma: una bolsa vacía no se mantiene erguida. Sin valores, una persona está vacía y es débil. Muchos esperan que el trabajo, la educación, la tecnología y las ventajas financieras aporten la fuerza que mantendrá erguida la «bolsa» de nuestra cultura. Sin embargo, no se puede depender de esas cosas. Por ejemplo, si observamos la ciudad de Palo Alto, en Silicon Valley, se podría esperar que fuera un paraíso. Después de todo, es el crisol de las nuevas tecnologías. Alberga las sedes de empresas como Tesla, Hewlett-Packard y Houzz. La población de la ciudad tiene un alto nivel de educación, el desempleo es

> LAS PERSONAS TRANSFORMADAS CAMBIAN LAS COMUNIDADES. LA TRANSFORMACIÓN POSITIVA SURGE DE VIVIR SEGÚN LO QUE NUNCA CAMBIA EN UNA ÉPOCA EN LA QUE TODO LO QUE NOS RODEA PARECE ESTAR CAMBIANDO.

bajo y los salarios medios son altos. Lamentablemente, también lo es la tasa de suicidio. Los suicidios de adolescentes en Palo Alto son cuatro veces más frecuentes que el promedio nacional. Y se ha visto que se producen en grupos. Los expertos continúan buscando soluciones al problema.[16]

Los buenos valores brindan estructura y significado. También ayudan a vivir una vida más estable. La Organización para la Cooperación y el Desarrollo Económico (OCDE) lo reconoció. Tradicionalmente, la OCDE se ha centrado en el desarrollo económico y la reducción de la pobreza, pero recientemente ha ampliado su enfoque para incorporar un nuevo esquema de aprendizaje, que incluye la enseñanza de valores como la responsabilidad, el autocontrol, la empatía, la cooperación y la confianza en sí mismo.[17]

¿Por qué han hecho un cambio para incluir los valores? Porque sin buenos valores, su trabajo no puede sostenerse.

Los valores no solo ayudan a las personas a vivir mejor, sino que también las ayudan a mantenerse fieles a sí mismas. La vida es un maratón, no una carrera rápida. Uno tiene que ser capaz de mantenerse, seguir adelante y continuar luchando por su visión. Ahora que tengo setenta años, la gente me pregunta: «¿Por qué sigue trabajando tan duro para guiar y animar a otros a vivir una vida significativa?». Mi respuesta es que mis valores me fortalecen y mantienen mi visión.

En su libro *Primero lo primero*, Stephen R. Covey escribió: «No hay ningún atajo; pero hay un camino. El camino se basa en principios venerados a lo largo de la historia. Si hay un mensaje que se desprende de esta sabiduría, es que una vida significativa no es una cuestión de velocidad ni eficiencia. Es mucho más una cuestión de lo que haces y por qué lo haces, que de la rapidez con que lo haces».[18] Tus valores determinan lo que haces, por qué lo haces y cómo lo haces. Si tus valores son buenos, tu vida será estable.

Para que una cultura sea duradera, los buenos valores tienen que formar parte de ella. Nos gusta la forma en que la autora Diane Kalen-Sukra describe la interacción entre los valores y la cultura. Kalen-Sukra afirma: «La cultura […] es como un bosque. Las semillas son nuestros valores fundamentales. Una vez que se arraigan como comportamientos, pueden convertirse en árboles que van poblando nuestro bosque cultural. Las malas semillas producen bosques insalubres, infértiles y llenos de plagas. Las buenas semillas producen un bosque saludable y ecosistemas que sustentan la vida. Uno es sostenible, el otro simplemente no lo es».[19]

En marzo de 2020, en Birmingham, Alabama, ocurrió algo que es un testimonio de los buenos valores, y de cómo estos crean una cultura positiva en una organización. En este caso, la organización es la iglesia Church of the Highlands, dirigida por mi amigo Chris Hodges. La cultura de la atención y la solidaridad que él ha creado allí ha hecho que su iglesia sea conocida en todo el estado como una iglesia que «logra hacer las cosas».[20] Es muy conocida en Birmingham por su Dream Center, que ayuda a miles de personas mediante servicios de reparaciones en el hogar, entrega de alimentos, tutoría, capacitación laboral, etc. He estado vinculado a iglesias toda mi vida, pero nunca he conocido una como esta. Cuando sus miembros identifican necesidades en la comunidad, Chris y su personal los animan constantemente a hacer algo al respecto: ofrecer su liderazgo, iniciar un programa y reclutar voluntarios. Es maravilloso.

Por lo tanto, no es sorprendente lo sucedido durante el auge de la pandemia de la COVID-19. Robert Record, un médico que trabaja para Church of the Highlands y es el director de una clínica de salud que la iglesia ayudó a fundar, atendía a pacientes con síntomas de la enfermedad, pero no tenía cómo hacerles la prueba de diagnóstico. Quería hacer algo al respecto, y sabía que el sistema de salud local en Birmingham no podría realizar la cantidad necesaria de pruebas.

Record contactó a su amigo Ty Thomas, de los laboratorios Assurance Scientific Laboratories, también miembro de la iglesia, y juntos hablaron con Chris Hodges para buscar una solución. Rápidamente idearon un plan para realizar las pruebas de COVID-19. Menos de cuarenta y ocho horas más tarde, con la ayuda de diez trabajadores de la clínica, tres trabajadores del laboratorio de pruebas, veinte miembros del personal de la iglesia y más de cien voluntarios, la operación estaba en marcha en uno de los estacionamientos de la iglesia.

La gente acudió en masa al lugar para hacerse la prueba. «Uno de nuestros objetivos es que las personas no vayan a la consulta del médico y no vayan al hospital si no tienen que hacerlo», expresó Record.[21] La iglesia instaló una radio de onda corta para que los conductores pudieran sintonizar una emisora de FM y así recibir instrucciones. Se les dijo que permanecieran en sus vehículos con las ventanillas cerradas hasta que fueran examinados cuidadosamente. Los médicos hablaron con los pacientes mediante teléfonos celulares y los evaluaron a través de las ventanillas de sus autos. El primer día, enviaron al hospital a dos personas con problemas respiratorios, una de las cuales requirió ventilación mecánica.

El centro de pruebas del estacionamiento permaneció funcionando durante cuatro días. En ese tiempo, examinaron a dos mil personas, mucho más que la capacidad de cualquier hospital o centro de salud de la región en ese momento. ¡Quién sabe cuántas vidas salvaron!

Uno de los valores de Church of the Highlands es ayudar a las personas como sea posible. «Estamos comprometidos con servir las necesidades de nuestra comunidad —manifestó Chris—. Fuimos bendecidos al tener los líderes capacitados, los fondos necesarios, junto con el espacio de las instalaciones y docenas de miembros del personal y voluntarios dispuestos a ayudar». Según los mensajes de los medios sociales y los muchos carteles de agradecimiento hechos a mano que se pegaban en los parabrisas de los coches, la comunidad estaba agradecida.

Este tipo de actividad es algo característico de la iglesia Church of the Highlands; simplemente muestra sus valores en acción e ilustra el poder de lo que ocurre cuando las personas transformadas trabajan juntas para marcar la diferencia. Muestra que los buenos valores son universales y que la estabilidad que brindan crea una base sólida para que la gente pueda cambiar su mundo.

LOS BUENOS VALORES DAN LUGAR A LA CONFIANZA

Durante muchos años, Rob ha tenido gran éxito en el desarrollo de programas fructíferos a través de OneHope. Una de las razones es su habilidad para establecer relaciones positivas. Hablamos sobre el tema, y compartió conmigo lo siguiente:

Para que las asociaciones prosperen deben estar basadas en la confianza. Los movimientos avanzan a la velocidad de la confianza porque dependen del proceso de colaboración.

En este tipo de relaciones positivas, veo la confianza como una mesa de tres patas que se sustenta sobre los valores de la generosidad, la humildad y la integridad. Para trabajar juntos, debemos tener las tres.

- Generosidad: ceder recursos para el beneficio del conjunto.
- Humildad: renunciar a nuestra propia importancia, posición y poder.
- Integridad: honestidad para que los demás puedan confiar es nuestro carácter.

Realmente creo que estas son las características que determinan con quién trabajamos, dónde trabajamos juntos y cómo hacemos las cosas.

Rob y yo estamos de acuerdo en la importancia de la confianza. Mientras hablábamos, me recordó algo que sucedió cuando trabajábamos para expandir nuestro programa de transformación a través de la JMLF. Los líderes de un país nos pidieron que fuéramos y dirigiéramos las mesas de transformación allí, así que realizamos nuestro proceso de investigación. Después de nuestra visita inicial, decidimos no asociarnos con ellos. ¿Por qué? Porque carecían de esos tres valores. No creímos que pudiéramos establecer una asociación basada en la confianza con ellos.

> LA CONFIANZA ES COMO UNA MESA DE TRES PATAS QUE SE SUSTENTA SOBRE LOS VALORES DE LA GENEROSIDAD, LA HUMILDAD Y LA INTEGRIDAD.

He aprendido mucho a lo largo de los años al leer el libro de Proverbios, pues contiene abundante sabiduría práctica. Sus páginas están llenas de conocimiento sobre los valores, incluidos los tres que Rob señaló:

La generosidad es el *combustible* para la transformación. Es lo opuesto al egoísmo. Proverbios afirma: «El que es generoso prospera; el que reanima será reanimado».[22]

La humildad es el *espíritu* de la transformación. Es lo opuesto al orgullo. Proverbios afirma: «Con el orgullo viene el oprobio; con la humildad, la sabiduría».[23]

La integridad es la *fuerza* de la transformación. Es lo opuesto al engaño. Proverbios afirma: «A los justos los guía su integridad; a los falsos los destruye su hipocresía».[24]

Independientemente de lo que usted quiera hacer, ya sea formar una familia, establecer un negocio o cambiar su mundo, necesita desarrollar la confianza y eso solo se logra con buenos valores.

LOS BUENOS VALORES SON MEJORES CUANDO SE VIVEN QUE CUANDO SE HABLAN

Un amigo compartió conmigo una copia de los valores de una empresa y me preguntó qué pensaba de ellos. Así decía el documento:

Respeto

Tratamos a los demás como nos gustaría que nos trataran a nosotros. No toleramos tratos abusivos ni irrespetuosos. La crueldad, la insensibilidad y la arrogancia son ajenas a nosotros.

Integridad

Trabajamos con los clientes, y los posibles clientes, de forma abierta, honesta y sincera. Cuando digamos que haremos algo lo haremos; cuando decimos que no podemos o no queremos hacer algo, entonces no lo hacemos.

Comunicación

Tenemos la obligación de comunicarnos. Dedicamos tiempo a hablar con los demás [...] y a escuchar. Creemos que la información está destinada a circular y que la información motiva a las personas.

Excelencia

En todo lo que hacemos, solo nos sentimos satisfechos con lo mejor de lo mejor. Continuaremos subiendo el listón para todos. Lo divertido aquí será que todos descubramos lo buenos que realmente podemos ser.[25]

Pensé que era una declaración clara, concisa y poderosa. «¡Magnífico! —exclamé—. Parece una gran compañía. ¿Quiénes son?».

«Nunca lo adivinarás —respondió mi amigo con una sonrisa—. ¡Enron!».

Quedé sorprendido. El fracaso de Enron en 2001 fue catastrófico. En aquel momento, fue la mayor bancarrota corporativa ocurrida en el mundo financiero. Los accionistas perdieron 74 000 millones de dólares. Muchos de los empleados de Enron que habían invertido la totalidad de sus fondos de jubilación en acciones de la empresa perdieron todo su dinero. Los funcionarios corporativos de la organización fueron condenados por obstrucción a la justicia, conspiración, fraude de valores, fraude bancario, fraude electrónico y abuso de información privilegiada; pasaron años en prisión.[26] Sus acciones contrastaban con los valores publicados.

Esta es la realidad. *Para que el liderazgo sea bueno y duradero, debe ir precedido de una buena vida, y una buena vida surge de los buenos valores.* Si hay una desconexión entre lo que usted dice que es importante y lo que hace, entonces enseñar valores no sirve de nada. Tampoco sirve la retórica. Las acciones que realizamos son las que nos dan credibilidad real. Por eso creemos que la palabra más importante que todo líder puede decir es: «Síganme». Cuando nuestras palabras están respaldadas por la coherencia de nuestros actos, ganamos credibilidad. Como manifestó el escritor del siglo diecinueve Wallace Wattles: «El mundo necesita más demostración que instrucción». No hay nada como hacer nuestros los valores y vivirlos cada día de nuestra vida.

LOS BUENOS VALORES CAMBIAN SU MUNDO

Quiero compartir una historia que representa lo contrario de lo sucedido con Enron. Se trata de Bantrab, un gran banco en Guatemala con 157 sucursales y más de 4200 empleados.[27] En 2014, Juan Pablo de León, director de recursos humanos de Bantrab, comenzó a interactuar con Guatemala Próspera y la JMLF. Quería llevar nuestro programa de mesas redondas al banco para enseñar valores como la responsabilidad, la confiabilidad, la honestidad, la paciencia, la ética de trabajo, la capacidad de escuchar y el perdón. En 2014, Bantrab comenzó a capacitar a 331 líderes para facilitar las mesas de valores, que ahora llamamos mesas de transformación. Luego esos líderes guiaron a 2792 de sus empleados, a quienes llaman socios, a través de un proceso en el que aprendieron sobre los buenos valores, los discutieron abiertamente, se evaluaron a sí mismos en cuanto a lo bien que los aplicaban en su vida y expresaron cómo querían crecer en cada uno de esos valores que estaban estudiando.

La esperanza era que el énfasis en los valores positivos ayudara a los empleados y mejorara el rendimiento del banco. Sin embargo, los resultados superaron con creces incluso sus mayores expectativas. En el primer año, Bantrab experimentó un crecimiento del 3% en su Puntuación Neta de Promotores (NPS, por sus siglas en inglés), un indicador de la experiencia del cliente y un índice de predicción del crecimiento del negocio. Pronto la empresa se ubicó entre las tres primeras en el mercado financiero de Guatemala en cuanto al rendimiento de los activos (ROA, por sus siglas en inglés) y el rendimiento del capital (ROE, por sus siglas en inglés). Su cartera financiera ha crecido un 19,82% desde que se inició el proyecto de los valores. Y ha recibido la certificación Great Place to Work por tercer año consecutivo. Actualmente se encuentra en el segundo lugar de su categoría en toda Centroamérica y el Caribe.

La transformación de Bantrab fue tan impresionante que de León decidió incorporar mesas de valores en el proceso de integración de los nuevos empleados a la empresa para que todos compartan valores y un lenguaje común. Actualmente más de 4400 empleados, sus familias y otros asociados han participado en las mesas redondas y han aprendido valores.[28] Y durante los dos últimos años Bantrab ha organizado eventos con mil quinientos clientes de la empresa, en los que he tenido el privilegio de hablar y compartir cómo los valores mejoran la cultura empresarial, la innovación financiera, el impacto social y la inclusión.

El director general de Bantrab, Michel Caputi, estaba tan entusiasmado con la forma en que los buenos valores habían transformado su empresa que quiso compartir con otros líderes empresariales lo que había sucedido. Invitó a un evento a mil quinientos de los clientes empresariales de los bancos y me encargó que les hablara de los valores. Cuando me presentó, le comunicó a la audiencia que como resultado de las mesas de transformación de valores habían sucedido tres cosas en Bantrab. Primero, había experimentado su mejor año desde el punto de vista financiero porque las personas estaban viviendo los valores que habían aprendido. Segundo, la compañía había desarrollado una cultura de liderazgo. Anteriormente siempre había habido un déficit de líderes en la organización, pero debido a que las personas se turnaban como facilitadores en las mesas de valores, estaban surgiendo líderes que asumían mayores roles. Tercero, las familias de sus empleados se estaban transformando, pues ellos compartían los valores con sus cónyuges, hijos y padres.

LOS BUENOS VALORES HACEN QUE USTED SEA MÁS VALIOSO

Si estuviera buscando un amigo, ¿los valores de esa persona serían importantes para usted? ¿Y en el caso de su pareja? Y si necesitara contratar a alguien, ¿serían importantes sus valores? Si se estuviera mudando a un nuevo vecindario, ¿serían importantes para usted los valores de las personas que viven allí? Por supuesto que lo serían. ¿Puede imaginar alguna situación en la que los buenos valores *no* fueran algo valioso?

Los buenos valores siempre nos agregan valor y nos hacen más valiosos para los demás. Es posible trabajar con alguien cuyas habilidades sean escasas si sus valores son buenos. Se puede enseñar a alguien que no tenga experiencia, siempre y cuando valore el aprendizaje y el crecimiento personal. Es posible confiar en alguien que cometa errores si es una persona honesta, pero cuando los buenos valores están ausentes en un individuo, trabajar con él se vuelve muy difícil.

El consultor de gestión empresarial, Richard Barrett, expresó: «La transformación de una organización comienza con la transformación personal de los líderes. Las organizaciones no se transforman; ¡se transforman las personas!».[29] Las comunidades cambian de la misma manera, persona por persona, y los líderes cambian primero y luego invitan a otros a cambiar con ellos.

> «LAS ORGANIZACIONES NO SE TRANSFORMAN; ¡SE TRANSFORMAN LAS PERSONAS!».
> —RICHARD BARRETT

Rob y yo hemos tenido el privilegio de ser testigos presenciales de los cambios en varias comunidades. Esto ha sido el resultado del trabajo de nuestras organizaciones OneHope, EQUIP y la JMLF. OneHope ha trabajado con niños y jóvenes enseñándoles buenos valores durante muchos años. EQUIP se ha centrado en la formación de líderes. La JMLF ha implementado mesas de transformación en muchos países. Así que cuando Rob se me acercó hace varios años para trabajar juntos en la elaboración de un currículo de valores de liderazgo para los jóvenes, la idea me encantó. Dado que todo surge o se desploma por el liderazgo, creo que, si se enseña a los jóvenes a convertirse en mejores líderes, pueden agregar valor a los demás y mejorar sus comunidades. Nuestros equipos trabajaron juntos y crearon el programa «Lidera hoy», donde los adolescentes aprenden sobre la influencia, la visión, la integridad, el crecimiento, la iniciativa, la autodisciplina, el momento oportuno para actuar, el trabajo en equipo, las actitudes positivas, las prioridades, las relaciones, la responsabilidad, la comunicación y el desarrollo de los líderes.

Rob sugirió que realizáramos el estudio piloto de Lidera hoy en Ghana, una de las naciones más influyentes de África occidental. Desde allí quería extender el programa a otras partes de África y luego más allá. No obstante, uno de los retos que enfrentamos fue la renuencia de los jóvenes a convertirse en líderes. Rob manifestó: «Cuando los adolescentes de Ghana pensaban en el liderazgo lo asociaban con la posición, el abuso de poder, el soborno y la corrupción». En realidad, según la investigación que OneHope llevó a cabo en gran parte de África, los estudiantes consideraban que la capacidad de influir en la vida de otras personas era uno de los valores *menos importantes* para su futuro. Además, en la cultura ghanesa existe la creencia generalizada de que los jóvenes deben estar en un segundo plano respecto a los adultos mayores cuando se trata de liderar a otros y cambiar su comunidad. Una de las razones para llamar al programa «Lidera hoy» fue hacerles saber a los jóvenes que nunca es demasiado pronto para usar su influencia y generar un cambio positivo.

En 2016 el programa se puso a prueba en seis lugares diferentes de Ghana con 173 estudiantes de entre doce y veintiún años. Cuando los estudiantes concluyeron su estudio de los valores de liderazgo, OneHope identificó los siguientes resultados:

- Las puntuaciones medias de los estudiantes aumentaron significativamente en diecinueve de las veinticuatro fortalezas del carácter medidas.
- El 86% de los participantes se consideraban líderes efectivos, lo que representó un aumento de más del 11%.
- Los participantes mostraron un significativo incremento del 90% en sus conocimientos gracias a la capacitación en liderazgo.
- El 92% de los participantes afirmaron que habían experimentado un crecimiento como líderes.[30]
- El 100% de los participantes se consideraban líderes.[31]

Con el éxito de Lidera hoy medido y validado, OneHope comenzó a extender el programa por toda Ghana y luego en otros países. En 2019, el programa de valores de liderazgo había llegado a 3,6 millones de jóvenes de sesenta y un países de seis continentes en diecisiete idiomas.

Sin embargo, lo más importante es que miembros de la comunidad han cambiado como resultado de aprender buenos valores y vivir según ellos. Una de mis historias favoritas, que Rob ha compartido, es la de Eric, un huérfano de Kenia. Eric y sus hermanos mayores formaban lo que se conoce como un hogar dirigido por niños, porque no tenían padres y tenían que luchar por su cuenta para sobrevivir. Todos trabajaban en una granja de la aldea, solo para tener algo de comer. Eric asistía a la escuela, pero era un marginado, y los demás niños lo rechazaban debido a su extrema pobreza.

Sin embargo, Eric tuvo la suerte de participar en el programa Lidera hoy en su escuela secundaria. Allí descubrió que podía convertirse en un líder. Hoy Eric es el presidente electo de una organización benéfica estudiantil local que ayuda a los niños necesitados con los gastos y los materiales escolares.

«Lidera hoy cambió totalmente mi vida —afirma Eric—. Antes, parecía que mi existencia estaba llena de desafíos. Ahora vivo una vida que a cualquiera le gustaría vivir». En el futuro, quiere convertirse en ingeniero civil para poder ganar suficiente dinero y fundar una escuela y un hogar de rehabilitación para huérfanos.

No hay misión más importante que darles a los demás la oportunidad de soñar con una vida mejor y prepararlos para vivirla; y no hay mejor manera de hacerlo que ayudarlos a identificar los buenos valores, adoptarlos y vivir según ellos. Mientras más viajo por el mundo y más trabajo para agregarles valor a las personas, más comprendo lo importante que es ayudar a otros a entender el valor de los buenos valores. Creo que solía darlos por hecho, pues crecí en un hogar con buenos valores, con padres éticos y trabajadores que me amaban incondicionalmente y me enseñaron la regla de oro. Sin embargo, ahora nunca los doy por hecho. Es por eso que me he dedicado a enseñarlos. También lo ha hecho Rob. Hemos descubierto que cuando usted vive según buenos valores:

Su mente pensará cosas que lo ayudarán a lograr cambios positivos.

Sus ojos verán cosas que lo ayudarán a lograr cambios positivos.

Su corazón sentirá cosas que lo ayudarán a lograr cambios positivos.

Su actitud abrazará cosas que lo ayudarán a lograr cambios positivos.

Su boca expresará cosas que lo ayudarán a lograr cambios positivos.

Su vida atraerá cosas que lo ayudarán a lograr cambios positivos.

Sus pies lo llevarán a hacer cosas que lo ayudarán a lograr cambios positivos.

Si no ha tenido la ventaja de ser criado en un hogar con buenos valores, como el que tuvimos Rob y yo, sepa que creemos que usted puede aprender y adoptar esos buenos valores. Hemos descubierto que el mejor lugar para que eso suceda es en las mesas de transformación. De ellas hablaremos en el próximo capítulo. Tan pronto como usted viva y demuestre esos buenos valores, será capaz de ayudar a otros a hacer lo mismo. Eso, más que cualquier otra cosa, provocará el cambio duradero que quiere ver en su mundo.

CAPÍTULO 6

La transformación ocurre una mesa a la vez

La mesa es un lugar donde todos se ayudan mutuamente a mejorar.

Siempre hemos querido lograr cambios positivos, por eso Rob y yo hemos trabajado para ayudar a la gente durante la mayor parte de nuestras vidas. A través de los años, me he acercado a ese objetivo de muchas maneras diferentes. He aconsejado a personas de forma individualizada. He enseñado. He creado programas de capacitación para el personal. He organizado conferencias y seminarios. He hablado en grandes eventos. He fundado organizaciones. He escrito libros. He creado materiales de apoyo impresos, cintas de audio, cintas de video, DVD y plataformas de Internet. Después de más de cincuenta años, he llegado a una conclusión: la transformación ocurre una mesa a la vez.

No me malinterprete, este no es el título de mi último libro. Y no dejaré de hablar ni de crear materiales didácticos. Todas esas cosas tienen valor, y tienen el poder de agregar valor a la gente, así que seguiré haciéndolas. Sin embargo, los cambios más significativos, profundos y duraderos que he visto se han producido en una mesa con un pequeño grupo de personas.

LA VIDA ES MEJOR EN LA MESA

Tal vez debería haberme dado cuenta de esto antes. Sé que los buenos valores que mi hermano, mi hermana y yo aprendimos de mis padres se forjaron alrededor de la mesa del comedor, donde hablábamos todas las noches. Muchas de las enseñanzas que dieron forma a mi pensamiento y mi liderazgo las aprendí alrededor de una pequeña mesa de conferencias en un círculo de líderes; y algunas de las mejores sesiones de tutoría que he dirigido han sido con un grupo de personas sentadas alrededor de una mesa donde éramos honestos y vulnerables, hablábamos libremente y aprendíamos unos de otros. También se dice que la manera más rápida de encontrar puntos en común con un enemigo es sentarse a la mesa a compartir el pan con él. El cambio se produce en la mesa.

Durante los últimos nueve años, mis organizaciones sin fines de lucro han usado esta nueva comprensión para cambiar su forma de hacer las cosas. Han logrado que la capacitación basada en valores se convierta en el centro de la transformación de la comunidad al reunir pequeños grupos de personas alrededor de una mesa (o en un pequeño círculo) para discutir y compartir los valores que están aprendiendo y poniendo en práctica. Hemos llamado a estos pequeños grupos «mesas de transformación». Hasta ahora, 1,3 millones de personas se han sentado alrededor de 200 000 de estas mesas, y los cambios positivos que hemos visto son sorprendentes.

Como expresé antes, iniciamos este proceso en Guatemala. En Patsy, una cadena de restaurantes que llevaba cuarenta años en el mercado y era famosa por sus pasteles de crema batida con fresas. Los propietarios de la empresa querían invertir en su personal, formado por más de seiscientos trabajadores en veintitrés lugares. Con ese fin, crearon para ellos una biblioteca de materiales didácticos sobre crecimiento personal, y en 2016 comenzaron a implementar mesas de transformación con el currículum de la JMLF.

El trabajo en equipo mejoró y la productividad creció. El uso mensual de los materiales de la biblioteca aumentó un 400% en un año. Uno de cada diez trabajadores decidió continuar los estudios, y el 99% del personal relacionó los valores que aprendieron en las mesas de transformación con un aumento de su satisfacción personal y profesional en la vida. Lo que expresó Sheryl Sandberg, directora de operaciones de Facebook, es cierto: «Hablar puede transformar las mentes, lo cual puede transformar los comportamientos, y esto a su vez puede transformar las instituciones».[1]

VENGA A LA MESA

Si usted quiere ayudar a las personas a transformar su vida, entonces debe aprender a reunir pequeños grupos alrededor de una mesa y hacer que hablen sobre los buenos valores y cómo aplicarlos a su vida cotidiana. He aquí cómo funcionan las mesas de transformación y cómo puede empezar a usarlas para cambiar su mundo.

1. LAS MESAS DE TRANSFORMACIÓN COMIENZAN POCO A POCO

Las cosas grandes surgen de comienzos pequeños. Un movimiento puede comenzar con una sola persona: usted. Una de las cosas estupendas de las mesas de transformación es que

> LAS COSAS GRANDES SURGEN DE COMIENZOS PEQUEÑOS.

toda persona, en cualquier lugar puede empezar a implementarlas para generar transformación. Usted no necesita tener una organización, ni una educación, ni siquiera una capacitación formal. No necesita hacerlo con muchos grupos. Solo debe ser capaz de responder dos preguntas. ¿Cree que su comunidad mejorará si usted se mejora a sí mismo? ¿Cree que otros quieren mejorar sus vidas?

Si usted responde afirmativamente a esas dos preguntas, está listo para empezar, y puede hacerlo con tan solo cuatro personas. Simplemente invite a otras tres a la mesa, comprométanse a crecer juntos, identifiquen lo que quieren aprender y comiencen. (Si desea dirigir una mesa redonda y utilizar el currículum gratuito que la JMLF ha desarrollado, entonces diríjase a ChangeYourWorld.com y háganos saber que está interesado en convertirse en facilitador).

2. LAS MESAS DE TRANSFORMACIÓN BRINDAN UN PUNTO DE ENCUENTRO PARA LAS PERSONAS

Todo lo bueno en la interacción humana comienza con un punto de encuentro. Es donde se hacen las conexiones, se establecen las relaciones, se forja la confianza alrededor de valores compartidos, y comienza el progreso. Las mesas de transformación son un suelo fértil donde se produce el crecimiento porque brindan un lugar y un momento para que la gente se reúna con un propósito común.

Alguien que valora la importancia de un punto de encuentro es Tina L. Singleton, fundadora y directora ejecutiva de una organización sin fines de lucro llamada Mesa de Transformación. Su misión es utilizar los alimentos como una forma de superar las diferencias y facilitar un vínculo humano auténtico.

Tina se ha pasado la vida relacionándose con las personas, sirviéndolas, y atrayendo a aquellos que a menudo son marginados. Durante muchos años sirvió en el Cuerpo de Paz como voluntaria de desarrollo comunitario, y pronto descubrió que ella deseaba trabajar con las personas con discapacidades al conocer a un hombre sordo en un mercado de Benín. Descubrió su pasión dedicándose al trabajo con personas que tenían discapacidades. A lo largo de su carrera, ha ayudado y ha provisto apoyo a personas en la República Centroafricana, Benín, la República del Congo, Bangladesh, Libia, Sierra Leona, Costa Rica, Togo y Afganistán.

Fue en Afganistán donde realmente comprendió lo positivo de tener un punto de encuentro con los demás al sentarse juntos a la mesa para comer. Mientras trabajaba en ese país, cultivó un jardín. Al ser una jardinera inexperta, cultivaba demasiados productos para su propio uso, de modo que comenzó a regalar algunos de ellos y luego comenzó a organizar almuerzos. En países en guerra como Afganistán, los extranjeros que trabajan para organizaciones no gubernamentales suelen alojarse en recintos de seguridad que los aíslan de los ciudadanos locales. Tina cruzó esas barreras al comer en casas afganas e invitar tanto a locales como a expatriados a cenar con ella. Fue testigo de las afinidades que surgieron, las barreras que se eliminaron y las relaciones más estrechas que se establecieron.

Sin embargo, no fue hasta unos años más tarde, luego de mudarse a Charleston, Carolina del Sur, que tuvo la idea de fundar Mesa de Transformación con el objetivo de reunir a diversas personas para compartir una comida. En un evento que conmemoraba el horrible tiroteo del 2015 en la Iglesia Metodista Episcopal Africana Emanuel, Tina escuchó a Bernice King expresar que, si los diferentes grupos de Charleston se tomaban en serio el amor y la comprensión mutua, tenían que esforzarse más y reunirse más a menudo o cenar juntos. Al recordar su experiencia en Afganistán, Tina se preguntó si podría hacer algo similar allí.

En noviembre de 2016 organizó en casa de una amiga su primera cena de transformación. Invitó a un grupo diverso, y la comida fue preparada por un chef vietnamita. Organizó otra cena al mes siguiente con diez desconocidos y un chef diferente. Luego otra, y continúa organizándolas. Cada mes reúne en casa de alguien a un grupo de diez desconocidos para comer una comida preparada por un chef. Su deseo es que esas personas, que de otra forma estarían divididas, vivan en unidad. Por eso les brinda una oportunidad de desarrollar la aceptación, la compenetración, la compasión, la paz y la confianza al compartir una comida de una cocina extranjera. Está construyendo puentes para acercar a la gente de Charleston, pero su visión es que este tipo de mesas de transformación se pueda organizar en todos los países del mundo, para que las personas puedan tener un punto de encuentro. ¡Qué gran sueño!

Así es como Tina cambia su mundo. Ella desea crear un mundo donde todos sientan que se los aprecia, se los escucha y se los comprende, en una comunidad basada en el amor, la compasión y la empatía. Rob y yo la aplaudimos. Cuando comenzamos a investigar su organización, descubrimos que ella había registrado el nombre «mesa de transformación». No éramos conscientes de ello, así que inmediatamente la contactamos y le pedimos permiso para seguir utilizándolo en nuestro tipo de mesas, y ella accedió amablemente. Eso nos entusiasma mucho porque nuestras «mesas de transformación» son el lugar donde las personas se reúnen con el objetivo de aprender valores y mejorar su vida.

La posibilidad de establecer conexiones es grande cuando las personas se reúnen de esta forma. He aquí varios de los beneficios de estar juntos a la mesa.

Proximidad

Usted puede impresionar a las personas de lejos, pero solo puede influir en ellas de cerca. La transformación es personal y requiere que una persona invierta tiempo y esfuerzo en otra. Los facilitadores más efectivos en las mesas de transformación son abiertos, auténticos y vulnerables. Admiten sus defectos y son honestos respecto a sus fracasos. Expresan cómo quieren crecer y cambiar para convertirse en mejores personas que viven según mejores valores.

> USTED PUEDE IMPRESIONAR A LAS PERSONAS DE LEJOS, PERO SOLO PUEDE INFLUIR EN ELLAS DE CERCA.

En las mesas de transformación los participantes también se responsabilizan ante los demás. Cada vez que se reúnen, identifican cómo desean crecer y qué van a hacer para llevarlo a cabo. Cuando se vuelven a reunir, se preguntan unas a otras cómo les fue en lo que se comprometieron a hacer. La mesa ideal es aquella en la que las personas están físicamente juntas en un lugar. Sin embargo, debido a la tecnología, es posible organizar una «mesa» con personas que se conectan desde diferentes lugares.

El entorno

Se sobrevalora la motivación; el entorno es más importante. Nos volvemos como las personas con las que pasamos nuestro tiempo. Si usted creció en una familia de intelectuales, probablemente tiende a ser un pensador al que le gustan las ideas. Si se pasa todo el tiempo rodeado de atletas, probablemente valora la buena forma física y se ejercita para mantenerse en forma. Si su círculo social incluye muchos empresarios de alto calibre, probablemente usted habla de negocios y tiene un don para ellos. Si es un artista, probablemente gravita hacia otros artistas, y eso alimenta su creatividad.

En las mesas de transformación donde un facilitador dirige el diálogo sobre los valores, las personas examinan sus comportamientos pasados y se vuelven más conscientes de sí mismas al hablar de los buenos valores y de cómo aplicarlos a su vida. Ese entorno alienta el crecimiento y el cambio porque las personas pueden ver lo que otros hacen. Como expresaron los profesores Nicholas A. Christakis y James H. Fowler en su libro *Conectados*: «Nuestra interconexión no es solo una parte natural y necesaria de nuestra vida, sino también una fuerza positiva. Así como el cerebro pueden hacer cosas que ninguna neurona puede hacer por sí sola, también las redes sociales pueden hacer cosas que ninguna persona puede hacer por sí sola».[2]

Repetición

El cambio nunca es instantáneo. Lleva tiempo y requiere repetición. James Clear ha escrito un estupendo libro titulado *Hábitos atómicos*, que recomiendo enfáticamente. En él habla sobre cómo se forman los hábitos:

> Cada vez que se repite una acción, se activa un circuito neuronal específico asociado a ese hábito. Eso significa que repetir una

acción es una de las cosas más importantes que puede hacer para codificar un nuevo hábito…

Todos los hábitos siguen una trayectoria similar que va desde la práctica que requiere esfuerzo hasta el comportamiento automático: es un proceso conocido como *automaticidad*. La automaticidad es la capacidad de llevar a cabo un comportamiento sin pensar en cada uno de sus pasos, que ocurre cuando la mente inconsciente toma el control.

Se asemeja a algo así:

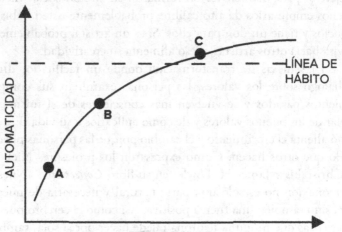

Clear afirma que, con suficiente práctica, una actividad rebasa la línea del hábito y entonces, el comportamiento se lleva a cabo sin tener que pensar. Luego explica que la curva del aprendizaje muestra que los hábitos se basan en la frecuencia, no en el tiempo transcurrido. Así lo expresa:

Una de las preguntas más comunes que escucho es: «¿Cuánto tiempo se necesita para desarrollar un nuevo hábito?». No obstante, lo que la gente debería preguntar es: *¿Cuántas veces* debe repetirse algo para que se convierta en un nuevo hábito?». Es decir, ¿cuántas repeticiones se requieren para que un hábito sea automático?

El paso del tiempo no es algo mágico para la formación de hábitos. No importa si han pasado veintiún días, treinta días o trescientos días. Lo importante es el ritmo con el que se lleva a cabo el comportamiento. En un mes es posible hacer algo dos veces o doscientas veces. La frecuencia es lo que determina [...]. Usted debe encadenar suficientes intentos exitosos hasta que el comportamiento quede firmemente arraigado en su mente y haya logrado cruzar la línea del hábito.

En la práctica, no importa realmente cuánto tiempo se necesita para automatizar un hábito. Lo importante es que usted realice las acciones necesarias para progresar.[3]

Las mesas de transformación les proporcionan a los participantes un área común en la que pueden realizar sus repeticiones. Al reunirse con regularidad, discutir y adoptar valores, y *realizar las acciones* necesarias para progresar, todos en la mesa participan del proceso de cambio.

> LA CURVA DEL APRENDIZAJE MUESTRA QUE LOS HÁBITOS SE BASAN EN LA FRECUENCIA, NO EN EL TIEMPO TRANSCURRIDO.

3. LAS MESAS DE TRANSFORMACIÓN REFORMAN Y REFUERZAN LA IDENTIDAD DE LAS PERSONAS

Los valores están en el núcleo de la identidad de toda persona. Como las mesas de transformación se centran en los buenos valores, refuerzan los aspectos positivos de la identidad de los participantes, pero también los ayudan a reformar sus identidades, cuando los buenos valores reemplazan a aquellos que no lo son.

En *Hábitos atómicos*, Clear también habla sobre cómo se forma la identidad de una persona. Su observación nos parece muy perspicaz:

> Su identidad surge de sus hábitos. Nadie nace con creencias preestablecidas. Todas las creencias, incluso aquellas sobre usted mismo, se aprenden y se condicionan a través de la experiencia.
>
> Para ser más preciso, sus hábitos son la forma en que usted expresa su identidad [...]. Cuanto más repita un comportamiento, más reforzará la identidad asociada a ese comportamiento. En realidad, la palabra *identidad* se derivó originalmente de los términos en latín *essentitas*, que significa *ser* o *existir*, e *identidem*, que significa *repetidamente*. Su identidad es, literalmente, la «repetición de su existir».[4]

Clear afirma que la mejor manera de lograr el cambio es hacerlo de adentro hacia afuera, pero la mayoría de las personas intentan hacerlo de afuera hacia adentro. Hacen hincapié en los resultados, que son externos, o se centran en los procesos, que son la siguiente capa en profundidad. En cambio, deberían centrarse primero en transformar su identidad. Clear señala:

> Los resultados son lo que usted obtiene. Los procesos son lo que usted hace. La identidad es lo que usted cree. Cuando se trata de desarrollar hábitos que perduren [...] el problema es la *dirección* que sigue el cambio.
>
> Al comenzar el proceso de cambiar sus hábitos muchas personas se centran en *aquello* que quieren alcanzar. Esto los conduce a hábitos que están basados en metas o resultados. La alternativa es desarrollar hábitos basados en cambios de identidad. Con este enfoque, lo primero que hacemos es centrarnos en quién queremos llegar a ser...
>
> Es posible que en cualquier momento comience a tener dificultades con sus hábitos porque esté demasiado cansado,

demasiado ocupado, demasiado abrumado o por un sinnúmero de razones. Sin embargo, a fin de cuentas, la verdadera razón por la cual no mantiene sus hábitos es porque la imagen que tiene de sí mismo se interpone en el camino. Es por eso que no debe apegarse demasiado a una versión de su identidad. El progreso requiere desaprender lo aprendido. Para lograr ser la mejor versión de sí mismo, es necesario que modifique constantemente sus creencias y que actualice y amplíe su identidad.[5]

Como señaló Clear, nadie tiene su identidad grabada en piedra. Todos tenemos el poder de cambiar nuestras creencias sobre nosotros mismos, lo que significa que todos tenemos el poder de cambiar nuestras vidas.

Charlie Wetzel, quien me ha ayudado a escribir libros durante más de veinticinco años, compartió conmigo su experiencia sobre este concepto de cambiar la identidad principal al cambiar la forma en que uno piensa sobre sí mismo. Me explicó lo importante que fue para él cuando decidió dejar de fumar. Había comenzado a fumar cigarrillos en la escuela secundaria a la edad de trece o catorce años, y antes de cumplir los treinta ya consumía dos cajetillas y media al día. Más de una vez intentó dejarlo. Dejaba de fumar por unas semanas, pero flaqueaba, compraba una cajetilla y volvía a hacerlo. Finalmente pudo superar el problema el día en que desechó sus cigarrillos por última vez y se dijo a sí mismo: «Yo no soy un fumador que está tratando de dejar de fumar, yo no fumo».

Charlie afirma que dejar de fumar es una de las cosas más difíciles que ha hecho, pero también una de las más importantes. Ese

> NADIE TIENE SU IDENTIDAD GRABADA EN PIEDRA. TODOS TENEMOS EL PODER DE CAMBIAR NUESTRAS CREENCIAS SOBRE NOSOTROS MISMOS, LO QUE SIGNIFICA QUE TODOS TENEMOS EL PODER DE CAMBIAR NUESTRAS VIDAS.

pensamiento, *yo no fumo*, es lo que le permitió mantenerse firme. Han pasado más de treinta años desde que dejó de fumar, y ha aconsejado a muchos que también desean lograrlo que cambien la forma de verse a sí mismos al reformar su identidad y considerarse como no fumadores.

Es por eso que las mesas de transformación funcionan, porque ayudan a las personas a cambiar la forma de verse a sí mismas. Cuando se reúnen cada semana en las mesas de transformación para examinar, dialogar y poner en práctica buenos valores en su vida, están cambiando su perspectiva sobre su identidad. Están creando un núcleo de buenos valores dentro de sí mismas y creencias sobre sí mismas que influyen en todos los aspectos de su vida. No obstante, todo comienza con la decisión de cambiar.

Hace unos años, la JMLF inició en Guatemala un programa basado en valores llamado YoLidero. Estaba dirigido a los jóvenes y su duración era de tres años. Casi medio millón de estudiantes de secundaria participan actualmente en las mesas redondas del programa. En 2018 lo implementamos en Paraguay con treinta mil estudiantes. Esa cifra se duplicó al año siguiente. El programa para el primer año se llama iChoose (YoDecido), y trata sobre elegir buenos valores. Esto no es casual. Comenzamos con ese esquema porque queríamos que los estudiantes supieran que crecer y mejorar es una elección que cada persona tiene que hacer si quiere mejorar su vida y la de los demás a su alrededor. Lo mismo ocurre con nosotros.

4. LAS MESAS DE TRANSFORMACIÓN AYUDAN A LAS PERSONAS A CONECTAR LA CONCIENTIZACIÓN CON LA APLICACIÓN

Cuando las personas se acercan a las mesas de transformación, uno de los aspectos más importantes del proceso es la forma en que se les lleva a establecer una conexión entre la autoconciencia y la aplicación. Dawn Yoder (a quien mencioné en el capítulo 4) con Global Priority Solutions, diseñó el proceso denominado

Metodología de la Mesa Redonda que utilizamos para ayudar a los participantes a lograr esto.

Primero los participantes aprenden acerca de un buen valor: qué es, cómo puede beneficiarlos, cómo puede influir positivamente en los demás y cómo puede mejorar su mundo. Sin embargo, el proceso no se detiene ahí. Se les pide a todas las personas del grupo que se examinen a sí mismas desde la perspectiva de lo aprendido. Aquí es donde comienza realmente el proceso de cambio. Se examinan a sí mismas y se les pide que se autoevalúen en una escala del uno al cinco. Luego se les orienta que compartan esa autoevaluación con los demás miembros del grupo.

Eso es fundamental. A todos se les pide que participen en la mesa. ¿Por qué? Si alguna vez ha tratado de liderar un equipo o trabajar con un grupo donde uno de los miembros se niega a hablar o a participar, entonces sabe lo frustrante que esto puede ser. Las personas que no participan rara vez crecen, y no estimulan el crecimiento de los demás. Por otro lado, cuando las personas son francas y participan, ocurren cosas increíbles. La contribución de cada uno brinda una perspectiva a los demás en el grupo. ¿Cuál es el resultado? La autoconciencia de todos aumenta.

Una vez que todas las personas del grupo, incluido el facilitador, hayan expresado en qué necesitan crecer, se les pide a todos que describan una acción que van a realizar para mejorar en esa área y cómo la llevarán a cabo durante la semana siguiente, y la próxima vez que todos se reúnan en la mesa, se preguntarán mutuamente si lograron su propósito. De esta manera, todos rinden cuentas ante los demás. Es a través de estas acciones intencionales que el cambio se vuelve permanente. La aplicación repetida de cada persona aumenta su mejoría.

Rob ha señalado que todos los grupos de ayuda mutua se basan en este concepto, muchos de los cuales, como Alcohólicos Anónimos y Celebremos la Recuperación, conducen a sorprendentes transformaciones en la vida de la gente. La literatura científica confirma el valor de este tipo de mesas de transformación, pues el paso de la concientización a la aplicación en un entorno de responsabilidad y apoyo es capaz de mejorar incluso las situaciones más destructivas en que se encuentran las personas.

5. LAS MESAS DE TRANSFORMACIÓN PERMITEN QUE LAS PERSONAS SIGAN LA TRAYECTORIA DE SU TRANSFORMACIÓN

Cuando tenía veintitantos años, escuché a Earl Nightingale, una personalidad de la radio, decir: «Si todos los días durante cinco años dedica una hora a un mismo tema, se convertirá en un experto en ese tema». Esas palabras avivaron mi imaginación y cambiaron el curso de mi vida. Supe instantáneamente que me dedicaría a estudiar el liderazgo, porque había visto el impacto positivo que podía tener en la vida de otras personas.

Me sumergí en el tema y le dediqué más de una hora al día. Leí todos los libros que pude conseguir. Escuché mensajes sobre liderazgo y traté de aprovechar todo lo que pude de ellos. Asistí a conferencias y eventos donde podía escuchar a líderes. Comencé a preguntarles a los líderes de mi campo si se reunirían conmigo durante una hora para hacerles algunas preguntas. Hice todo lo que pude para aprender sobre el tema.

Cuando comencé este proceso, lo que me estimulaba era la promesa de que me convertiría en un experto en liderazgo en cinco años. Como me gusta tener las metas a la vista para mantenerme motivado, pensaba en ese objetivo final casi todos los días mientras leía un libro o escuchaba una cinta. (Sí, eso fue en los días de las cintas magnéticas, mucho antes que los CD y los pódcasts). En aquellos momentos me sentía impaciente, pero era paciente. Quería llegar a la línea de meta, pero también sabía que la única manera de llegar era mantenerme activo en el proceso.

A mitad de ese período de cinco años, comencé a notar que algo estaba sucediendo. Pude notar que mi liderazgo había mejorado. Mi estrategia era mejor. Había ganando confianza en mi visión y la articulaba más claramente. Había mejorado en el reclutamiento de líderes, y los equipos que lideraba eran más unidos, dedicados y productivos. En resumen, mi crecimiento se estaba consolidando, este era el fruto del desarrollo constante del liderazgo que yo buscaba.

Y fue entonces cuando experimenté otro cambio en mi forma de pensar. Comencé a disfrutar mi crecimiento personal como líder. Dejé de mirar el calendario y de contar las semanas y los meses que faltaban para los cinco años. En lugar de preguntarme: «¿Cuánto tiempo más me llevará esto?», comencé a preguntarme: «¿Cuánto más puedo avanzar?». Ya no estaba concentrado en llegar a un destino, lo que buscaba era desarrollar mi potencial, en un viaje continuo y sin final a la vista. Años más tarde, cuando escribí *Las 21 leyes irrefutables del liderazgo*, esa experiencia se convirtió en la Ley del Proceso: el liderazgo se desarrolla diariamente, no en un día.

Las mesas de transformación les brindan a las personas una vía de desarrollo similar. Cuando usted decide aprender a vivir según un conjunto de buenos valores, y todas las semanas se compromete a hacerlo con el mismo grupo de personas, usted sabe a dónde va, puede ver lo lejos que ha llegado, y según los resultados de su vida, puede seguir la trayectoria de su progreso.

¿En qué valores debería centrarse? Puede adoptar la lista que la JMLF utiliza para seguir el progreso, la cual compartimos en el capítulo 5. También puede centrarse en una lista que utilicé durante muchos años y que llamé mi «docena diaria». La compartí en mi libro *Hoy es importante*. Para ella me inspiré en Benjamin

> POR LA MAÑANA BENJAMÍN FRANKLIN SE PREGUNTABA: «¿QUÉ BIEN HARÉ HOY?». CUANDO SE IBA A LA CAMA, LA PREGUNTA ERA: «¿QUÉ BIEN HE HECHO HOY?».

Franklin, quien solía levantarse cada mañana y preguntarse: «¿qué bien haré hoy?». Cuando se iba a la cama, se preguntaba: «¿qué bien he hecho hoy?». Consideraba que el bien provenía de un conjunto de virtudes personales. Para rendir cuentas ante sí mismo, llevaba una «hoja de puntuación» con las trece virtudes que más valoraba.

He aquí mi docena diaria, cada mañana me propongo cumplirla durante esa jornada:

Elegiré y mostraré actitudes adecuadas.
Adoptaré y practicaré buenos valores.
Me comunicaré con mi familia y cuidaré de ella.
Conoceré y seguiré pautas saludables.
Identificaré y actuaré según las prioridades importantes.
Aceptaré mi responsabilidad y la demostraré.
Haré y cumpliré los compromisos adecuados.
Iniciaré relaciones sólidas y dedicaré tiempo y esfuerzo a ellas.
Ganaré dinero y administraré bien las finanzas.
Profundizaré mi fe y viviré según ella.
Buscaré superarme personalmente y lo haré.
Planificaré ser generoso y lo demostraré.

Cuando las personas participan en las mesas de transformación, hay dos aspectos importantes a tener en cuenta para el seguimiento del progreso. El primero es la constancia. Cuando comencé a aprender sobre el tema del liderazgo, la constancia fue lo que me hizo empezar a crecer. Todos los días le dediqué tiempo. ¿Alguna vez perdí un día? Claro que sí, estoy lejos de ser perfecto, y la vida está llena de sorpresas. Aun así, mi prioridad era crecer a diario y cada vez que perdía un día, mi determinación era no perder nunca dos días seguidos. Trato de pensar en ello como lo haría un atleta. Los jugadores de fútbol americano se sienten orgullosos de su racha de partidos consecutivos jugados y los de béisbol se enorgullecen de su racha de juegos en los que han conectado un batazo bueno. Sin embargo, cuando la racha se rompe, no se dan por vencidos. ¡Regresan de inmediato a buscar otra racha!

Lo segundo que las personas pueden hacer para seguir la trayectoria de su progreso es preguntarse: «¿este valor me ayuda a convertirme en la persona que quiero ser? ¿Este comportamiento fortalece la identidad que quiero tener o va en contra de ella?». Los valores que entran en conflicto con una identidad deseada no son útiles. Los valores que las personas aprenden y manifiestan en su vida deben ayudarles a crecer para que se conviertan en la mejor versión de sí mismas. ¿Cómo pueden medir eso? Pueden hacerlo al ver cómo cambia su historia. Eso es lo que Rob y yo hemos observado sistemáticamente como una señal de transformación en la vida de las personas y sus comunidades. Su vida cambia para bien, y como resultado ayudan a otros a cambiar.

Permítame compartir con usted solo una de las miles de transformaciones que hemos presenciado en Guatemala. Es la historia de Verónica Chávez. Creció en un pueblo rural, era la mayor de doce hermanos y sus padres tenían problemas de alcoholismo. A menudo los niños se quedaban sin comer. Verónica quería estudiar y soña-

> LOS VALORES QUE LAS PERSONAS APRENDEN Y MANIFIESTAN EN SU VIDA DEBEN AYUDARLES A CRECER PARA QUE SE CONVIERTAN EN LA MEJOR VERSIÓN DE SÍ MISMAS.

ba con ser secretaria, pero cuando terminó la escuela primaria a los doce años, sus padres la sacaron de la escuela y la pusieron a trabajar en el cuidado de la familia. A los catorce años, la enviaron a otra ciudad a casi 100 millas (160 km) de distancia para que pudiera trabajar como empleada doméstica.

Verónica trabajó durante dos años, y aunque había personas a las que respetaba que insistían en que nunca podría ser más que una criada, se mudó a la ciudad de Guatemala. Allí continuó trabajando como empleada doméstica, pero también volvió a la escuela para capacitarse como secretaria. Después de graduarse, comenzó a trabajar como recepcionista en una oficina de asesoramiento. Así es como se relacionó con Guatemala Próspera y fue invitada a participar en una de nuestras mesas de transformación.

Una de las enseñanzas que se discutieron en la mesa fue el valor del perdón. Al examinar su vida a la luz de ese valor, se dio cuenta de lo herida que estaba. Estaba resentida con sus padres, no solo por la bebida y el abandono, sino también porque sus acciones provocaron que les quitaran la custodia de uno de sus hermanos menores. Verónica había tenido que luchar para evitar que lo enviaran a un hogar infantil. Se sintió obligada a hacer algo respecto a su falta de perdón, así que ese fin de semana viajó las 175 millas (281 km) que la separaban de su casa para hablar con sus padres y pedirles que la perdonaran. También los perdonó por lo que había sufrido. Tras años de separación, volvieron a estar unidos, y las heridas de Verónica comenzaron a sanar.

Aprender los valores de la transformación y experimentarlos en su vida inspiró a Verónica a continuar soñando. Lo que le sucedió a su hermano determinó su nueva aspiración: convertirse en trabajadora social. Se inscribió en la universidad y asistió a clases los fines de semana. En 2017 se licenció en Trabajo Social.

Verónica es la primera mujer de su pequeña comunidad que ha obtenido un título universitario. Expresó: «Ahora, muchos jóvenes de mi comunidad me ven como una motivación para luchar por cambiar su vida. Piensan: *Si ella pudo, entonces yo también*. Les digo a todos que pueden lograrlo, todo lo que tienen que hacer es fijarse metas y ser constantes. Incluso si hay gente que dice: "No puedes lograrlo" o "no tienes la capacidad", ¡no los escuchen!».

Verónica manifestó: «Aprender valores en la mesa no solo cambió mi vida, mi familia y mi comunidad, sino que también cambiará las generaciones futuras».

Cuando usted sigue la trayectoria de su progreso, es más fácil verlo. No hay duda que las personas que siguen la trayectoria de su progreso tienen más éxito que las que no lo hacen. Aquellos que están pendientes de lo que comen pierden más peso que los que no lo hacen. Los que mantienen un registro de sus entrenamientos progresan más rápido que los que no lo hacen. Las personas que están al tanto de la evolución de sus ventas, su producción y sus finanzas se desempeñan mejor que los que no lo hacen; y las personas que siguen la trayectoria de su progreso mientras aprenden a vivir según buenos valores tienen más éxito, tanto en la esfera personal como la profesional.

6. LAS MESAS DE TRANSFORMACIÓN AYUDAN A LAS PERSONAS A CONVIVIR MEJOR

John D. Rockefeller expresó: «No tenga miedo de dejar lo bueno para buscar lo excelente». Aprender buenos valores mediante mesas de transformación ayuda a las personas a vivir mejor. Cuando esto sucede, aumenta la posibilidad de aliviar la pobreza, las enfermedades, el hambre, el analfabetismo y otros problemas en una comunidad. ¿Por qué? Porque ayudar a las personas a desarrollar valores fundamentales que las hacen más felices, más sanas y más productivas las empodera para crear su propio futuro. Mejoran sus propias familias y mejoran sus comunidades, ¡y eso es estupendo!

> AQUELLOS QUE APRENDEN BUENOS VALORES EN LAS MESAS DE TRANSFORMACIÓN SE CONVIERTEN EN EL TIPO DE PERSONA QUE SE PREOCUPA, QUE AYUDARÁ A LOS DEMÁS Y EN LA QUE SE PUEDE CONFIAR.

Cada vez que las personas se reúnen, ya sea cuando forman nuevas mesas de transformación, se mudan a un nuevo vecindario, aceptan un nuevo trabajo o se unen a un nuevo equipo, todas internamente se hacen tres preguntas sobre los demás:

- ¿Se interesa usted por mí?
- ¿Puede ayudarme?
- ¿Puedo confiar en usted?

Aquellos que aprenden buenos valores en las mesas de transformación se convierten en el tipo de persona que se preocupa, que ayudará a los demás y en la que se puede confiar. Y eso crea un ambiente de estímulo que beneficia a todos.

La mesa no tiene que ser una mesa real. Cualquier lugar donde tres o más personas estén dispuestas a reunirse, ser honestas y ponerse a trabajar puede ser transformador, siempre y cuando los buenos valores sean la base del aprendizaje y el crecimiento. En las mesas de transformación, las personas que desean mejorar su vida se reúnen y:

Se establecen nuevas relaciones.
Se expresan las creencias.
Se comparten los puntos de vista.
Los diálogos sirven de ayuda.
Se hacen preguntas.
Se encuentran respuestas.
Se desarrolla la confianza.
Se aprecia la vulnerabilidad.
Se practican los valores.
Se forman buenos hábitos.
La autoestima aumenta.
Se experimenta el perdón.
Las actitudes son positivas.
Se acepta la responsabilidad.
Se identifican las prioridades.
Se restablecen las relaciones rotas.
Se vive el servicio.
Se pone de manifiesto la generosidad.
Se fortalece la valentía.
Se hacen compromisos.
Se alienta la iniciativa.
Se valora la integridad.
¡Y la vida cambia!

Entonces, ¿está usted listo para sentarse en una de nuestras mesas de transformación? ¿Está listo para mirarse a sí mismo, admitir dónde necesita crecer y trabajar en ello? ¿Está dispuesto a invitar a otros a la mesa para que se unan a usted en este viaje de crecimiento? Si está listo, comience el proceso. Puede visitar nuestra página web ChangeYourWorld.com y obtener los materiales gratuitos para dirigir la transformación en una mesa. Le prometemos que eso lo cambiará. Y cambiará su mundo.

CAPÍTULO 7

LO QUE SE HACE SE MIDE

Mida lo que importa.

—JOHN DOERR

Recientemente fui a jugar a los bolos con algunos amigos. Fue muy divertido, a pesar de que no había jugado en cuarenta años. Mis amigos se rieron al verme lanzar la bola en la canaleta una y otra vez.

«¡Quizás deberíamos quitar los bolos, ya que John no los va a derribar!», se burló uno de ellos.

«¡De ninguna manera! Los derribaré tarde o temprano», respondí. Me llevó un tiempo, pero finalmente lo hice. Incluso conseguí un pleno, y todos se pusieron de pie, vitorearon y me chocaron los cinco. Uno incluso tomó una foto de la mesa de bolos vacía y me la envió. «Guarda la foto para que puedas recordarla —dijo—. ¡Es posible que no vuelva a suceder!».

Todo fue muy divertido, y como pasé un buen rato, a menudo pienso en ello. Y eso me ha llevado a esta conclusión: la única razón para lanzar una bola sobre una pista es ver si podemos derribar los bolos.

Para mí, los bolos son lo fundamental. Cuando lanzo la bola, la observo para ver qué tan bien lo hice. Es agradable poder ver los resultados en pocos segundos, al contar los bolos que quedan en pie. Si los derribo todos, lo celebro. Si la bola cae en la canaleta, me decepciono. Si no hay bolos, no tiene sentido.

Tal vez no esté de acuerdo. Si usted es una persona muy sociable, podría pensar: *Los bolos no son importantes. Juego a los bolos solo por el ejercicio y el tiempo que disfruto con mis amigos.*

Sin embargo, ¿podría realmente disfrutar del juego sin los bolos? Haga la prueba. Salga con sus amigos y lance la bola en una pista vacía. ¿Cuánto tiempo cree que duraría el juego? Pienso que se aburriría bastante rápido. ¿Por qué? Porque lo que motiva y divierte de ese juego es ver lo bien que uno lo hace. Sin una herramienta de medición, no vale la pena el esfuerzo. No hay alegría en ello.

¿QUIÉN MIDE LOS RESULTADOS?

El autor y antiguo investigador de Gallup, Tom Rath, escribió recientemente un libro titulado *Life's Great Question* [La mayor pregunta de la vida]. Es una especie de secuela de *Ahora descubra sus fortalezas*, del que es coautor. Estaba frustrado por el ensimismamiento de muchas personas que usaban StrengthsFinder [buscador de fortalezas] para aprender sobre sí mismas. Muchos lectores se centraban en la autosatisfacción, pero Rath creía que el propósito de encontrar las fortalezas era agregar valor a la gente y «hacer contribuciones significativas a lo largo de la vida».[1] En realidad, el título del libro se inspiró en un discurso de Martin Luther King Jr., quien expresó: «La pregunta más constante y urgente de la vida es: "¿Qué hacemos por los demás?"».[2]

> «LA PREGUNTA MÁS CONSTANTE Y URGENTE DE LA VIDA ES: "¿QUÉ HACEMOS POR LOS DEMÁS?"».
> —MARTIN LUTHER KING JR.

Rath señaló: «Usted puede relacionar sus esfuerzos diarios con la forma en que contribuyen a la vida de personas específicas, es decir, relacionar *lo que usted hace* con *las personas a quien su trabajo sirve*». Luego puso ejemplos de cómo obtenemos mejores resultados y mayor satisfacción y bienestar personal al asociar el trabajo que hacemos con los beneficios que trae a otros:

Por ejemplo, en el expendio de alimentos, cuando el cocinero puede ver a las personas a las que sirve, la satisfacción de esos clientes con la comida aumenta en un 10%. Si el cocinero y el cliente pueden verse mutuamente, la satisfacción con la calidad de la comida aumenta un 17% y el servicio es un 13% más rápido. Se aprecia un resultado similar en otras profesiones.

Cuando los socorristas leen historias sobre las personas que han sido salvadas, se muestran más atentos en el trabajo. Cuando los recaudadores de fondos por teléfono saben de los beneficiarios de su trabajo, se sienten más motivados y recaudan muchos más fondos para su causa. Incluso si el servicio que se presta es solamente a clientes internos y colegas, asociar el trabajo con la contribución directa que se hace tiene beneficios tangibles.

En un estudio de Harvard, trabajadores que cosechaban tomates vieron un video sobre la forma en que su contribución ayudaba a los colegas de una fábrica que estaba un paso más allá en la cadena de suministro. En comparación con un grupo de control, los trabajadores que vieron ese corto video experimentaron un aumento del 7% en la productividad, según las toneladas de tomates cosechadas por hora. Mi conclusión de todo esto es que las personas experimentan un sentido de pertenencia mucho mayor y un bienestar más duradero cuando asocian los esfuerzos que realizan con una mayor influencia en los demás.[3]

En otras palabras, para lograr un cambio positivo, medir los resultados es tan importante como en los bolos. En todos estos ejemplos, bolos, cocineros, socorristas, recaudadores de fondos por teléfono y recolectores de tomates, había una cosa en común: medir los resultados aportaba motivación y satisfacción a la vida de las personas. La medición es importante.

Es posible que haya oído la frase «lo que se mide, se gestiona», que a menudo se le atribuye a Peter Drucker. Más tarde se convirtió en «lo que se mide se hace», un eslogan popular en los negocios y la producción. Para el título de este capítulo, hemos invertido la frase. ¿Por qué? Porque en el mundo de la ayuda a las personas y las organizaciones sin fines de lucro, muchos juzgan su eficacia según cómo sus esfuerzos los hacen sentir y no según los resultados que obtienen. Esa no es la manera de cambiar el mundo.

> «LAS PERSONAS EXPERIMENTAN UN SENTIDO DE PERTENENCIA MUCHO MAYOR Y UN BIENESTAR MÁS DURADERO CUANDO ASOCIAN LOS ESFUERZOS QUE REALIZAN CON UNA MAYOR INFLUENCIA EN LOS DEMÁS».
> —TOM RATH

Una de las cosas que admiro mucho de Rob y OneHope es cómo *miden* todo lo que hacen. En OneHope, lo que se hace realmente se mide. Rob y su equipo nunca asumen que el trabajo que hacen es realmente efectivo. No importa lo bien que se sientan al respecto con lo que están *tratando* de hacer, no importa lo buenas que sean sus intenciones ni lo noble que sea su propósito, no asumen que están logrando un impacto positivo. Por el contrario, utilizan los datos para verificar lo que funciona y lo que no.

PUEDE BUSCARLO EN GOOGLE

El inversor, John Doerr, escuchó pacientemente a dos estudiantes que habían abandonado sus estudios en Stanford y le mostraban mediante diecisiete diapositivas su idea de cómo «organizar la información del mundo y hacerla universalmente accesible y útil». Doerr inmediatamente desembolsó más de 11,8 millones de dólares a cambio del 12% de esta nueva y revolucionaria idea. Eso fue en 1999.[4] En la actualidad, esa idea ha crecido hasta convertirse en la tercera compañía más valiosa,[5] la segunda marca más valiosa,[6] y el mejor lugar para trabajar en el mundo.[7]

¿Cómo convertir una idea transformadora en algo que pueda cambiar su mundo? Para lograr eso es necesario medirla. En el prólogo del libro de John Doerr *Mide lo que importa*, el director general de Alphabet y cofundador de Google, Larry Page (uno de los que abandonó Stanford) describe cómo Doerr solía ayudarlos, a él y a su compañero, Sergey Brin, a convertir sus ideas en el motor de transformación que hoy llamamos Google. Page afirma: «Por mucho que odie el proceso, las buenas ideas con una gran ejecución son la forma de hacer magia».[8]

Este «odiado proceso» es la base del éxito. Eso es tan cierto para las empresas como para los esfuerzos individuales, la participación de la comunidad, las iniciativas de voluntariado y las organizaciones sin fines de lucro. El principio de medición es universal y ayuda a identificar y apoyar las buenas prácticas que están en el centro de toda empresa transformadora exitosa.

Para Google, la medición se hizo en forma de objetivos y resultados clave (OKR, por sus siglas en inglés), que se derivaron de la gestión por objetivos (MBO, por sus siglas en inglés), un sistema de fijación de metas desarrollado por Peter Drucker, quien es uno de los pensadores más conocidos e influyentes en materia de gestión y sistemas. John Doerr se había familiarizado con los objetivos y los resultados clave y los había puesto en práctica en Intel, así que se los enseñó a Larry Page y Sergey Brin, y transformaron la Internet y el mundo.

MEDIR LA TRANSFORMACIÓN

Es cierto que medimos lo que nos es preciado. Piénselo. Cada visita al médico incluye la medición del peso corporal, la toma de la temperatura y el control del hierro o el azúcar en la sangre. Usted y su médico controlan su salud porque la valoran. Lo mismo ocurre con su cuenta bancaria, usted está pendiente de lo que entra y sale, guarda algo para emergencias y controla sus inversiones.

MEDIMOS LO QUE NOS ES PRECIADO.

Si no medimos algo que nos es preciado, no conservará su valor. Actualmente la organización de Rob es formidable a la hora de medir todo lo que hace, pero no siempre fue así. Rob expresó:

> No me percaté de que no había aplicado estos principios de medición a nuestro trabajo de transformación de la comunidad hasta que realicé un viaje muy revelador a Suazilandia, cuyo nombre actual es Reino de Esuatini. Mi equipo y yo fuimos a filmar el magnífico trabajo que supuestamente se estaba haciendo a través del programa de educación del carácter que habíamos elaborado. El rey del país nos había dado permiso para implementar el programa en todas las escuelas públicas, así que teníamos un gran número de estudiantes en él, pero no nos habíamos dado cuenta de que los números más importantes no se estaban midiendo.
>
> La mayor señal de alarma era que el número de personas con VIH/SIDA aumentaba rápidamente en lugar de disminuir, hasta el punto de que, en ese momento, la ONU pronosticaba que, si el problema seguía creciendo, ¡Suazilandia podría ser la primera nación del mundo en desaparecer!
>
> Estaba muy abatido. A pesar de todas las organizaciones, incluida la nuestra, que trabajaban en el país para revertir la epidemia de VIH/SIDA, era evidente que nuestros esfuerzos no estaban dando los resultados que esperábamos. Luego de una

noche de insomnio, acepté la dura realidad. Aunque trabajábamos con ahínco, no estábamos obteniendo resultados positivos.

Desesperado por encontrar respuestas, comencé un viaje, un viaje en el que todavía me encuentro hoy. Mi propósito es ir más allá de la medición de la actividad y comprometerme a medir lo que importa, medir los resultados.

A todo el mundo le gusta hablar sobre la transformación, pero la pregunta es esta: ¿cómo se mide? La Ley de las Prioridades en *Las 21 leyes irrefutables del liderazgo* afirma que los líderes entienden que activi-

> LOS LÍDERES ENTIENDEN QUE ACTIVIDAD NO ES NECESARIAMENTE REALIZACIÓN.

dad no es necesariamente logro. No importa lo mucho que trabaje para lograr un impacto positivo, medir los resultados es una de las mayores habilidades que puede desarrollar para convertirse en una persona que pueda cambiar su mundo.

LAS CINCO D

Luego de esa experiencia, Rob se propuso que todo lo que él y su equipo hicieran alrededor del mundo fuera lo más efectivo posible. Eso significaba crear un mecanismo de medición de todo lo que hacían. Rob desarrolló un mecanismo sencillo para asegurarse de que podría reunir información, llevar un registro del progreso y medir el cambio positivo en cualquier problema que tratara de resolver o circunstancia que quisiera transformar. Esto se convirtió en un proceso que él denominó «Las cinco D».

Descubrir: saber lo que realmente está pasando y quién está haciendo algo al respecto.

Diseñar: elaborar una estrategia que comience por resultado final que usted tiene en mente y se base en sus fortalezas, no en sus debilidades.

Desplegar: ponga en práctica su plan. Empiece poco a poco, equivóquese pronto y corrija a menudo.

Documentar: realice mediciones para asegurarse de que los resultados previstos se están logrando.

Desear: comience el ciclo de nuevo, amplíe lo que funciona y abandone lo que no.

Como puede ver, el método de los cinco puntos no es lineal, sino circular. No se aplica una vez y se detiene, sino que es un proceso que comienza de nuevo tan pronto como llega al final. A medida que se aprende y se crece a través de cada ciclo de mejoramiento, se aprende a aprovechar las fortalezas, a mitigar las debilidades, a hacer crecer el equipo y a mejorar las oportunidades.

> «NO IMPORTA CUÁN ESPECTACULAR HAYA SIDO EL RESULTADO FINAL, LAS TRANSFORMACIONES DE LO BUENO A LO EXCELENTE NUNCA OCURREN DE UN SOLO GOLPE».
> —JIM COLLINS

Una de las cosas excelentes del método de Rob es que es un sistema de desarrollo que puede comenzar poco a poco y crecer de un modo gradual, transformándose a medida que aumenta su alcance y escala. Es similar al «efecto del volante» que mi amigo Jim Collins analizó en su libro *Empresas que sobresalen*. Collins escribió: «No importa cuán espectacular haya sido el resultado final, las transformaciones de lo bueno a lo excelente nunca ocurren de un solo golpe. En la construcción de una gran compañía o una empresa del sector social, no existe una acción determinante, no hay ningún programa maravilloso, ninguna innovación espectacular, ningún golpe de suerte único, ningún momento milagroso. Más bien, el proceso se asemeja a empujar sin descanso un volante enorme y pesado, giro a giro, e ir generando impulso hasta que se logra un gran avance, y se va más allá».[9]

Echemos un vistazo a cada uno de los cinco puntos de Rob.

1. Descubrir

Rob afima que la investigación es la llave que abre las puertas a los resultados transformadores. Aun así, no deje que la palabra *investigación* lo desanime. La investigación es simplemente descubrir la verdad. Le permite saber dónde está, a qué se enfrenta y dónde necesita hacer ajustes. Por ejemplo, cuando usted descubre que su cuenta bancaria está sobregirada, sabe que debe dejar de gastar. Hace una pausa y analiza sus gastos para ver en qué puede economizar, y luego diseña un presupuesto que le permita retomar el camino. Se detiene, observa y escucha lo que los números le dicen.

Es bueno reducir la marcha y hacer las preguntas correctas, pero no todos lo hacen, o no lo hacen bien. Algunas personas nunca quieren detenerse y descubrir la realidad, simplemente siguen avanzando. Otros hacen un balance y luego pasan a la acción, reaccionan ante un problema sin entenderlo del todo. Otros se quedan paralizados, como ciervos ante los faros de un coche, sin saber qué hacer a continuación.

Hacer una pausa para descubrir lo que ocurre le permite echar un vistazo a lo que usted está haciendo y determinar qué funciona, qué no funciona y qué debe hacer mejor. En el proceso de descubrir, usted va conociendo cómo alcanzar el objetivo que trata de lograr. Rob afirma que esta pausa fue un momento decisivo en su desarrollo personal y profesional porque le permitió comprender la importancia fundamental de la investigación.

> EN EL PROCESO DE DESCUBRIR, USTED VA CONOCIENDO CÓMO ALCANZAR EL OBJETIVO QUE TRATA DE LOGRAR.

Cuando comprendemos la realidad del problema que queremos resolver o cómo ayudar a la gente que tratamos de servir, podemos comenzar a planificar nuestros próximos pasos. Para eso, no es necesario realizar una investigación a gran escala. Su *investigación* puede ser rápida y sencilla, y comenzar con algunas búsquedas rápidas en Internet. No importa por dónde empiece, simplemente tenga cuidado de no buscar solo los números y las estadísticas que prueben sus intenciones específicas. Tiene que estar abierto a descubrir la verdad de su situación, y tiene que estar dispuesto a cambiar su plan para que se ajuste a la realidad actual y a su causa.

La investigación revela lo que está sucediendo

Una de las mejores maneras de empezar una investigación sencilla es a través de conversaciones indagatorias. Invierta en seis tazas de café para establecer seis conversaciones. Hable con un experto. Encuentre a alguien que tenga mucha experiencia práctica en el asunto. Busque reunirse con alguien que haya sido afectado por el problema que usted trata de solucionar, o pase un rato con una persona única que rompa esquemas. El secreto aquí no es hablar; ¡es escuchar! Escuche con atención y haga buenas preguntas de seguimiento. Luego identifique los puntos en los que todos están de acuerdo, sobre todo cuando las personas son de diversos orígenes y aportan perspectivas diferentes.

La investigación revela la verdad. Rob expresó:

La investigación es reveladora, probablemente lo diga al menos cinco veces al día. Lo digo porque lo creo. Cuando usted dedica tiempo a hacer su investigación, puede ver con claridad los desafíos que enfrenta y trasmitirle esa información a su equipo. Disponer de esa información crea una realidad compartida en el equipo la cual:

Nos ayuda a ver las mismas cosas.

Nos ayuda a ver las mismas cosas de la misma forma.

Nos ayuda a vernos a nosotros mismos de una nueva manera.

Nos ayuda a identificar qué otras personas se preocupan por nuestra causa.

Nos ayuda a conocer lo que realmente produce un impacto positivo.

Con demasiada frecuencia hacemos suposiciones y continuamos trabajando. Sé que a veces he cometido ese error, pero al detenernos e investigar en la fase de descubrimiento, estamos mejor preparados para lograr un impacto positivo.

La investigación lo ayuda a ver las verdades dolorosas

Rob afirma que investigar y descubrir la verdad puede ser a menudo un desafío, y a corto plazo puede ser incluso desalentador. Sin embargo, entender la verdad de la situación que tratamos de cambiar, sobre todo una que es alarmante, requiere que primero enfrentemos nuestra realidad. Negar la realidad es perder completamente el tiempo.

> NEGAR LA REALIDAD ES PERDER COMPLETAMENTE EL TIEMPO.

Descubrir una verdad dolorosa y enfrentarla puede ser difícil para nosotros. Y puede ser aún más difícil para los demás. Rob expresó:

Después de hacer una amplia investigación antes de iniciar un nuevo programa educativo en Malawi, presenté un informe a los líderes del país con nuestras conclusiones. Habíamos descubierto que el VIH/SIDA aumentaba rápidamente entre niños y jóvenes, y que había algunos cambios sorprendentes en cuanto a la moral. Descubrimos que muchas intervenciones tradicionales, aunque realizadas con buenas intenciones, estaban exacerbando el problema en lugar de aliviarlo.

Cuando presentamos nuestras conclusiones, algunos de los líderes del país se enojaron tanto que me acusaron de mentir y me pidieron que abandonara la reunión. Por suerte el doctor Lazarus Chakwera, un gran líder y amigo mío, se acercó al micrófono y, haciendo honor a la hermosa tradición africana, preguntó si podía compartir una historia. Expresó: «Un hombre se perdió en la selva africana. Vagó durante mucho tiempo tratando de encontrar su camino. Después de muchos días, encontró un pequeño espejo en el suelo. Cuando se miró en él, se disgustó tanto por la cara sucia y demacrada que vio que lo lanzó al suelo y lo pisoteó. El reflejo que veía en el espejo era odioso para él. Pero, amigos y colegas, el espejo no tiene la culpa y no puede ser culpado por la verdad que revela. El espejo es simplemente el mensajero que refleja la situación actual del hombre».

La investigación es un espejo, que nos muestra lo bueno, lo malo y lo feo. En lugar de enfadarnos con él, necesitamos verlo como una oportunidad para conocer la verdad. Una vez que descubrimos la verdad, podemos dar los pasos necesarios para empezar a lograr cambios en nosotros mismos, nuestras familias, nuestra comunidad y nuestro mundo.

La investigación ayuda a determinar con quién trabajar

Descubrir no solo nos ayuda a evaluar adecuadamente las necesidades y hacer las preguntas correctas, sino que también nos ayuda a saber con quién colaborar. La organización de Rob, OneHope, realizó uno de los mayores estudios que se han hecho sobre los jóvenes, en más de 150 países de todo el mundo. Se llamó Actitudes y Comportamientos de la Juventud (ABY, por sus siglas en inglés), y les proporcionó datos estadísticos para conocer lo que los jóvenes de todo el mundo piensan actualmente sobre muchos temas sociales clave. El estudio permitió crear una red de colaboración. Durante la encuesta y la recolección de datos, trabajaron con personas y organizaciones maravillosas de todos los canales de influencia, y muchos de ellos se convirtieron en socios clave.

Rob y yo sabemos que tratar de ayudar a las personas a hacer cambios positivos por nuestra cuenta, sin la participación de otros, no dará resultado. Necesitamos trabajar con otras personas que son mejores que nosotros en lo que hacen, mientras nosotros hacemos aquello en lo que somos mejores. La investigación ayuda a aclarar esto. Rob expresó:

Esto nunca estuvo más claro para mí que cuando una de las jóvenes de Suazilandia me conmovió profundamente con una pregunta. La llamaremos Tinah. Había comenzado a aprender buenos valores y vivir según ellos en uno de nuestros programas. Entonces, preguntó: «¿Y qué hago ahora? En lugar de dormir con el conductor del autobús, ¿debería caminar seis kilómetros a la escuela todos los días?».

Quizás por primera vez, Tinah se dio cuenta de que el conductor del autobús la explotaba sexualmente, y sintió la gran injusticia de ser explotada por hombres que usaban su poder para abusar de ella. Sabía que la educación la ayudaría, pero se esforzaba por tomar la decisión correcta, pues sabía que si dejaba de ir a la escuela, eso pondría en peligro el sustento de ella y de su familia. Si no tenía un medio de transporte para ir allí, esa era la realidad.

Era desgarrador. Mi respuesta inicial a la angustiosa pregunta de Tinah fue: *Tengo que crear una compañía de autobuses para que estas chicas puedan ir a la escuela con seguridad.* Sin embargo, cuando investigamos, descubrimos una organización llamada Teen Challenge (ahora se nombra Challenge Ministries) que ya estaba en el terreno y proporcionaba transporte seguro para los estudiantes. En lugar de emprender una tarea que no era nuestro fuerte, nos asociamos con ellos.

Si no hubiéramos hecho nuestra investigación, podríamos haber desperdiciado recursos al poner en marcha un servicio de autobuses cuando ya existía uno. En cambio, pudimos asociar nuestros dos programas y multiplicar nuestro impacto en Suazilandia.

Esta es solo una historia de cómo la investigación y la colaboración van de la mano. Las organizaciones de Rob y las mías colaboran en todas partes, nos asociamos con organizaciones y personas que ya están en el lugar porque están mejor posicionadas que nosotros para comprender su contexto. A veces simplemente les facilitamos los recursos y mejoramos su capacidad para ayudar a otros, pues así logramos una mejor administración que al tratar de comenzar de cero y hacerlo nosotros mismos. A veces nuestra investigación muestra que no hay nada ni nadie en el lugar que pueda ayudarnos a satisfacer una necesidad en un área determinada, por lo que tenemos que diseñar un nuevo programa o proceso.

A medida que transcurra este proceso de descubrimiento, preste atención a quienes ya trabajan a favor de la causa que usted defiende. Eso es lo que una madre hizo cuando descubrió que su hijo sufría de autismo. Cuando supo que el pequeño mostraba trastornos del espectro autista, se sintió sola y abrumada. Así que sacó un montón de libros de su biblioteca local y empezó a leer todo sobre el tema. Luego puso algunos mensajes en Facebook para ver si alguien más estaba en la misma situación. En pocos días, recibió once mensajes de otras madres que se sentían igual de abrumadas, perdidas y solas por esa causa.

Al darse cuenta de que había una necesidad, se sentó con su marido y diseñó un plan para ayudar con recursos y brindar aliento a otras familias que enfrentaban el problema. Se reunieron y compartieron enlaces con grupos locales, estatales y nacionales que ya tenían iniciativas de apoyo al autismo. Contactó a personas y las invitó a participar en grupos de Facebook, investigó y recomendó iglesias que tenían ministerios para personas con necesidades especiales, y recomendó terapeutas y grupos de apoyo locales. Sus esfuerzos han sido muy exitosos y han ayudado a muchas familias. No necesitó reinventar la rueda. El principal resultado de su investigación fue compartirla con otros.

2. DISEÑAR

Cuando Bill Gates decidió donar la mayor parte de su fortuna, lo hizo para tratar de cumplir una misión de transformación: «Todos merecen una vida saludable y productiva».[10] Gates es generoso, pero también es una persona muy realista. Ha diseñado proyectos y planes para obtener resultados toda su vida. Gates expresó: «En la filantropía, veo que la gente confunde constantemente los *objetivos* con las *misiones*. La misión es direccional. El objetivo tiene un conjunto de acciones concretas que usted realiza intencionalmente y trata de cumplir. Está bien tener un objetivo ambicioso, pero ¿cómo se evalúa? ¿Cómo se mide?».[11]

De pequeño, uno de los programas favoritos de Rob era *Dragnet*. La estrella era el detective Joe Friday, interpretado por Jack Webb. Cuando entrevistaba a los testigos, si se desviaban o empezaban a dar sus opiniones, expresaba: «Solo los hechos, señora».

Cuando uno trata de ir del punto A al punto B, el dramatismo y las conjeturas solo complican las cosas. Por otro lado, cuando usted tiene los datos que obtuvo en su fase de descubrimiento, puede dejar atrás rápidamente la incertidumbre de qué hacer. Si usted sabe cuál es su verdadera situación, puede trabajar para determinar cómo llegar a donde quiere ir. Esta claridad le permite diseñar soluciones basadas en la realidad. Es maravilloso cuando se reúne información de diversas fuentes que aportan una variedad de perspectivas y conocimientos. Una vez que se llega a un consenso común sobre lo que debe cambiar y por qué debe cambiar, entonces es posible imaginar cómo cambiará. Esto ayuda a crear una nueva historia y a reescribir el final.

> «VEO QUE LA GENTE CONFUNDE CONSTANTEMENTE LOS *OBJETIVOS* CON LAS *MISIONES*. LA MISIÓN ES DIRECCIONAL. EL OBJETIVO TIENE UN CONJUNTO DE ACCIONES CONCRETAS QUE USTED REALIZA INTENCIONALMENTE Y TRATA DE CUMPLIR. ESTÁ BIEN TENER UN OBJETIVO AMBICIOSO, PERO ¿CÓMO SE EVALÚA? ¿CÓMO SE MIDE?».
>
> —BILL GATES

¿Cómo empezar? Debe hacerlo por el final. «Comenzar con el final en mente» es uno de los siete hábitos de las personas altamente efectivas, en opinión de Stephen R. Covey. No importa lo mucho que planifiquemos ni cuánto trabajemos, solo seremos verdaderamente efectivos cuando hayamos previsto cómo será la victoria final que deseamos alcanzar. Tiene que saber cuál es su objetivo o punto de destino antes de poder comenzar el viaje.

Yogi Berra manifestó: «Debe tener cuidado si no sabe adónde va, porque podría no llegar».[12] Por extraño que parezca, muchas personas que desean lograr un impacto positivo no tienen ningún proceso en marcha, ni la disciplina necesaria, que les permita avanzar de donde están hacia las ideas transformadoras que quieren poner en práctica. Y eso es fundamental. John Doerr lo expresó de esta manera: «Las ideas son fáciles; la ejecución lo es todo».

> «LAS IDEAS SON FÁCILES; LA EJECUCIÓN LO ES TODO».
> —JOHN DOERR

Para mejorar cualquier cosa en la vida, debemos tener la intención de hacerlo. El éxito no se alcanza por casualidad. Thomas Edison expresó: «Nunca hice nada que valiera la pena de un modo casual, ni ninguno de mis inventos surgió indirectamente, por accidente, excepto el fonógrafo. No, cuando decido que vale la pena obtener un resultado, voy tras él y hago un ensayo tras otro hasta que lo logro».[13]

Luego de habernos dedicado a la tarea de diseñar y medir programas exitosos de transformación alrededor del mundo durante casi tres décadas, hemos identificado el ciclo que se repite constantemente y garantiza que los esfuerzos produzcan los cambios que se esperan obtener. Lo hemos desglosado de la siguiente manera:

1. Describa la realidad de donde usted está, básese en el proceso de descubrimiento.

2. Identifique su objetivo, es decir, donde quiere estar cuando haya completado su plan.

3. En la medida de sus posibilidades, identifique todas las acciones necesarias para avanzar desde su realidad actual hasta su objetivo.

4. Identifique las personas, los socios y los recursos necesarios para llevar a cabo esas acciones.

5. Propóngase un plazo ambicioso pero realista para la finalización de su plan, e incluya puntos de control a lo largo del camino.

Sin un plan, usted no será lo suficientemente preciso para lograr sus metas, y terminará yendo por mil caminos equivocados. El hogar infantil que Catalina la Grande fundó es un ejemplo de una gran idea que salió mal. La emperatriz encargó un hermoso edificio para albergar a los niños sin hogar de Moscú. Allí recibirían una refinada educación y se convertirían en «ciudadanos ideales». Sin embargo, cuando muchos padres vieron que sus hijos podían tener un buen techo, comida gratis, ropa, educación y un nivel de vida más alto, los abandonaron y los obligaron a permanecer en la calle, pues deseaban que tuvieran una vida mejor. La idea de Catalina no incluyó una investigación cuidadosa ni un diseño adecuado, y provocó que hubiera más niños de la calle en Moscú.

Es posible hacer un plan que en teoría parezca magnífico, pero luego, en la práctica, no funcione como se esperaba. Así le sucedió a Catalina la Grande. ¿Cómo evitar eso? Es necesario crear puntos de control a lo largo del camino para tener la certeza de que se va en la dirección correcta; y si descubre que el plan no funciona como esperaba, debe estar listo para cambiar la dirección.

3. Desplegar

Hay un peligro que debemos evitar una vez que hayamos creado un plan para lograr un impacto positivo, y es este: pensar que hemos terminado. Podemos pasar tanto tiempo investigando y planificando que luego descuidamos la puesta en práctica. Peter Drucker, uno de los grandes diseñadores analíticos del mundo, advirtió sobre esto en su libro *El ejecutivo eficaz*: «Uno se reúne o trabaja; pero no puede hacer ambas cosas al mismo tiempo».[14]

> «UNO SE REÚNE O TRABAJA; PERO NO PUEDE HACER AMBAS COSAS AL MISMO TIEMPO».
> —PETER DRUCKER

Una vez que haya creado su plan de acción, es hora de ponerlo en práctica y ver si da los resultados que usted desea para cambiar su mundo. En el despliegue se pasa a la acción. La clave es empezar. Walt Disney estaba en lo cierto cuando afirmó: «La manera de empezar es dejar de hablar y comenzar a hacer».[15]

Comience a implementar algunas de las cosas que ha descubierto y ha planificado, pero hágalo poco a poco. Eso le facilitará el control del progreso hacia su objetivo. Y si algo no funciona, puede cambiarlo y aprender sobre la marcha.

Rob afirma que cuando OneHope trabajó en Suazilandia, el seguimiento del progreso a lo largo del camino fue fundamental para tomar decisiones fundadas y hacer cambios positivos en su programa. Después de unos cuantos ciclos de pruebas y ajustes a un programa de estudio totalmente rediseñado, crearon un programa llamado I Matter [Yo importo]. El programa tuvo tanto éxito que fue adoptado por el gobierno, y el Centro de Control y Prevención de Enfermedades lo tomó y lo extendió incluso más allá de lo que ellos podían. Este tipo de programas de transformación se denomina «basado en la evidencia» porque los resultados se documentan.

Hay algo más que debe tener en cuenta al ejecutar su plan. Como en muchas otras situaciones, el principio de Pareto se aplica a los resultados que obtendrá. El principio de Pareto afirma que el 20% de sus prioridades le proporcionará el 80% de su producción, *si* usted dedica su tiempo, energía, dinero y personal al 20% superior. Así que no espere que todo lo que haga le dé un rendimiento igual. La mayor parte del cambio que desea ver vendrá de solo el 20% de lo que hace.

4. DOCUMENTAR

Rob y su equipo son realmente maravillosos a la hora de seguir la trayectoria de su progreso y documentar los resultados de lo que hacen. Rob expresó: «Empleo la lógica de W. Edwards Deming: "En Dios confío; todos los demás deben aportar datos". Para saber lo que realmente sucede y cómo puede lograr un impacto positivo, usted tiene que documentar los resultados de su actividad y asegurarse de que estén contribuyendo a los resultados que usted espera. Lo maravilloso es que estos principios pueden aplicarse a toda idea, ¡no importa lo grande o pequeña que sea!».

Gracias a la tecnología, podemos medir el progreso en tiempo real como ninguna otra generación en la historia. Las personas que usan un dispositivo Fitbit (o una pulsera de actividad) saben el momento en que han alcanzado su meta de ejercicio en el día. Worldometer rastreó la propagación de la COVID-19 y la recuperación de los pacientes

> «EN DIOS CONFÍO; TODOS LOS DEMÁS DEBEN APORTAR DATOS».
> —W. EDWARDS DEMING

casi en tiempo real. Tenemos acceso a más y mejor información que en cualquier otro momento de la historia de la humanidad.

Si usted no documenta el progreso, ni lo sigue adecuadamente, no podrá responder a preguntas fundamentales como estas:

- ¿A cuántas personas llegó nuestro plan?
- ¿Cómo cambiaron esas personas?
- ¿Qué beneficio concreto se derivó del cambio?
- ¿Por qué se produjo el cambio?

Una de las cosas que siempre he admirado de Rob es su capacidad para documentar su trabajo y aceptar con realismo lo que funciona y lo que no. Cuando OneHope inició su trabajo en Suazilandia, su plan se veía muy bien en el papel. Sin embargo, cuando Rob vio los datos que indicaban que Suazilandia era su programa más exitoso, pero que todo en el país estaba empeorando, lo tomó como una llamada de advertencia. No trató de negar la realidad ni trató de justificar el trabajo que habían hecho. Se documentaron, indagaron a fondo y trabajaron para determinar lo que realmente estaba pasando.

Es igual de importante documentar lo que *no* funciona. El padre de Rob ha creado con éxito más empresas transformadoras de las que podemos contar. En una ocasión alguien le preguntó: «¿Cómo es que todo lo que usted hace prospera?».

> «MIS FRACASOS HAN SIDO MÁS NUMEROSOS QUE MIS ÉXITOS, Y ES SOBRE LAS CENIZAS DE ESOS FRACASOS QUE SE HAN CONSTRUIDO TODOS MIS ÉXITOS».
>
> —BOB HOSKINS

Su respuesta fue: «Mis fracasos han sido más numerosos que mis éxitos, y es sobre las cenizas de esos fracasos que se han construido todos mis éxitos». El padre de Rob le enseñó a celebrar sus fracasos más que sus éxitos. Cada vez que identificamos un paso en falso, estamos mucho más cerca de saber cómo hacerlo mejor la próxima vez. Maya Angelou señaló con toda razón: «Podemos sufrir muchas derrotas, pero no debemos sentirnos derrotados. Es posible, incluso, que sea necesario experimentar la derrota, para que podamos saber quiénes somos».[16]

Al medir el impacto, no olvide medir áreas como la capacidad, la credibilidad, la comprensión, la oportunidad y la financiación. La solidaridad y la capacidad de movilización de la Fundación Susan G. Komen pueden apreciarse claramente en el lazo rosado que vemos casi en todas partes. Así que, aunque no han curado el cáncer de mama, han incrementado su solidaridad y su capacidad para abordar el tema más que nunca antes.

Al leer sobre el proceso de documentación, usted podría preguntarse cómo se puede medir la transformación. La respuesta es que los grandes cambios de vida se producen a través de una serie de pequeños cambios. En la JMLF, tenemos la meta de capacitar al 1% de la población de los países donde trabajamos para que se conviertan en facilitadores de las mesas redondas. Queremos que esos facilitadores luego capaciten al 10% de la población del país en buenos valores. Ese diez por ciento es un punto de inflexión.

En su libro *Punto de quiebra*, Malcolm Gladwell afirma que una idea se propaga como un virus después de alcanzar un cierto porcentaje pequeño. Ese punto, afirma, «es el momento de la masa crítica, el umbral, el punto de ebullición».[17] Esto ha sido confirmado por la ciencia. Científicos del Instituto Politécnico Rensselaer han determinado que cuando el 10% de la población tiene una creencia inquebrantable, esa creencia siempre será adoptada por la mayoría de la sociedad: «Cuando el número de personas comprometidas con una opinión es inferior al 10%, no hay un progreso visible en la difusión de la idea. Se necesitaría literalmente un período de tiempo comparable a la edad del universo para que un grupo de este tamaño se convierta en mayoría», expresó Boleslaw K. Szymanski, quien posee el título de Profesor Distinguido Claire y Roland Schmitt en el departamento de informática y es director del Centro de Investigación Académica de Redes Cognitivas Sociales en Rensselaer. «Una vez que ese número crece por encima del 10%, la idea se extiende como un incendio».[18] La JMLF actualmente reúne información sobre nuestros esfuerzos en Guatemala, Paraguay y Costa Rica para medir nuestro progreso y validar nuestro trabajo allí.

> UNA IDEA SE DIFUNDE DESPUÉS DE QUE EL 10% DE LAS PERSONAS LA ADOPTAN.

El filósofo, John Dewey, manifestó: «No aprendemos de una experiencia [...] aprendemos al reflexionar sobre esa experiencia».[19] A medida que reúna información, documente su progreso y analice lo que descubra, conocerá cuánto ha progresado realmente hacia el logro de sus objetivos.

5. DESEAR

Cuando usted ya ha documentado su progreso al reunir información, y ha descubierto en qué ha tenido éxito y en qué ha fallado, entonces está listo para cerrar el círculo. Es hora de soñar y de reconstruir y perfeccionar lo que ha hecho para hacerlo más grande y mejor. Su progreso le brindará el impulso para volver a iniciar el ciclo, pero esta vez con objetivos más grandes en mente.

Cuando Rob se reúne con su equipo, le gusta llamar a esos encuentros «sesiones para soñar». Allí imaginan cómo sería tener un éxito y un impacto aún mayores y cómo lograrlo. En estas sesiones para soñar hacen lo siguiente:

- Profundizan su conocimiento y obtienen nueva información.
- Comprueban que están progresando en la dirección que quieren avanzar.
- Se aseguran de que siguen en contacto con la realidad y de que las cosas no han cambiado tanto como para que ellos también necesiten cambiar.
- Forman una mesa redonda con su grupo central para ayudar a diseñar la fase dos del plan. Mantienen lo que funcionó, y multiplican sus esfuerzos en esa dirección, y desechan lo que no funcionó.
- Sueñan en grande y lo hacen una y otra y otra vez.

Todo esto lleva a la versión de transformación 2.0.

LA TRANSFORMACIÓN ES UN PROCESO, NO UN PUNTO DE DESTINO

Lo bueno de este proceso es que funciona a cualquier escala, grande o pequeña. Una vez que usted ha identificado un problema que debe ser resuelto, lo somete al proceso de las cinco D. Puede repetir este ciclo y hacerlo cada vez mayor y mejor. Así es como una idea se multiplica y crece. A medida que repita el ciclo, comenzará a notar que sus esfuerzos logran un mayor impacto. Lo notará no solo a través de los números y los datos que reúna, sino también a través de poderosas historias que reflejarán cómo la vida de las personas cambia como resultado de lo que usted hace.

Esperamos que nada de esto le parezca demasiado complicado. Todos pueden descubrir, diseñar, desplegar, documentar y desear. No tiene que ser parte de una organización, ni tener una preparación técnica ni saber de estadísticas. Si puede observar y hacer preguntas, elaborar un plan sencillo, seguirlo, comprobar si sus acciones están logrando lo que esperaba, y luego ajustar su plan para hacerlo mejor, entonces puede lograrlo.

Así lo hizo Missy Hammerstrom. Missy visitaba una escuela primaria en Louisville, Kentucky, para un proyecto comunitario, y mientras almorzaba en la cafetería, una estudiante le preguntó si podía tomar la manzana de ella.

Missy le preguntó si la quería porque no era suficiente lo que le daban en el comedor.

«No —respondió la chica—. Me la llevo a casa para comerla esta noche».

Naturalmente, Missy le dio su manzana, pero lo sucedido la hizo pensar. Se dio cuenta de que los niños de la escuela no tenían suficiente comida en sus casas. Esa noche le dijo a su esposo, Gary, que tenía que hacer algo. No podía dejar que los niños se fueran a casa y tuvieran hambre, así que ideó un plan. Compró mochilas y comida en una tienda cercana, luego llenó las mochilas con la comida en su garaje y las donó a la escuela de la niña.

Con esta sencilla acción, Missy comenzó en 2005 lo que después sería Blessings in a Backpack [Bendiciones en una mochila]. Aquello que comenzó con unas pocas mochilas en un garaje se ha convertido en una organización nacional que cada fin de semana les proporciona alimentos a 87 300 niños para que los lleven a sus casas.[20] Solo en Louisville, la organización alimenta a 5000 estudiantes en 48 escuelas.[21]

Ya sea que usted trate de mejorar las cosas en su familia, mejorar su comunidad o crear iniciativas globales para el cambio, el consejo de John Doerr a los dos jóvenes que abandonaron la universidad y crearon Google es válido, tanto para usted como para todos nosotros. Si no mide lo que hace, no podrá lograr que su gran idea dé los resultados que espera.

Personalmente, estoy muy agradecido con Rob y su equipo por lo que he aprendido sobre la investigación y la medición del progreso. Gracias a ello me he convertido en un mejor líder y mis organizaciones han sido más efectivas. Estas enseñanzas también lo ayudarán si dirige una organización, como nosotros, o si es un padre al que se le ocurrió una idea cuando una niña le pidió una manzana. Todos pueden hacerlo. La transformación está al alcance de todo aquel que esté dispuesto a cambiarse a sí mismo, a vivir según buenos valores, a valorar a las personas y a colaborar con otros para lograr un cambio positivo duradero. La JMLF y OneHope trabajan para lograr eso, y es algo que usted también puede lograr.

CAPÍTULO 8

SIGAMOS HABLANDO

Hoy nos encontramos donde nuestras conversaciones nos han llevado. Mañana estaremos donde nuestras conversaciones nos lleven.

Recientemente hablé ante un grupo de unos cinco mil líderes que trabajan en el ámbito de las organizaciones sin fines de lucro. Expliqué nuestra visión y me referí a lo que se podría lograr mediante asociaciones entre mi organización y las de ellos. Fue una sesión maravillosa. Después, me reuní en un salón con los principales líderes de la organización anfitriona para intercambiar ideas sobre lo que podríamos hacer juntos. Incluso antes de que pudiéramos hablar sobre planes concretos, Larry Stockstill, uno de sus líderes, expresó: «John, la respuesta es sí. Cuente conmigo. Tiene mi apoyo para cualquier proyecto». Su respuesta abrió las puertas a posibilidades ilimitadas para nosotros, y eso nos emocionó a todos.

> HAY QUE APROVECHAR LA OPORTUNIDAD DE LA VIDA MIENTRAS DURE LA OPORTUNIDAD.
> —LARRY STOCKSTILL

Después de la reunión le agradecí a Larry su apoyo, y le pregunté qué lo había hecho sumarse a mis propuestas tan audazmente.

«Vivo más allá del sí —expresó Larry—. Así es como encuentro la abundancia y la oportunidad y me convierto en una persona mejor y más grande. Hay que aprovechar la oportunidad de nuestra vida mientras dure la oportunidad. Así que trato de decir que sí siempre que puedo».

Me encanta la perspectiva de Larry. *Desea* decir que sí. Ve la vida como algo positivo y lleno de posibilidades, está abierto a ellas y lo expresa de forma positiva. Y al hacerlo, las oportunidades acuden a él.

LA TRANSFORMACIÓN DE LA COMUNIDAD ES UNA CONVERSACIÓN POSITIVA

Tenemos que aprender del ejemplo de Larry. La forma en que vemos las cosas determina la forma en que las expresamos, y la forma en que las expresamos siempre influye en cómo resultan, y a menudo lo determina. Si queremos ser parte de un proceso de transformación o contribuir a un movimiento de transformación, tenemos que vivir más allá del sí. Creemos que este es su significado:

VIVIR MÁS ALLÁ DEL SÍ SIGNIFICA CREER EN LAS POSIBILIDADES

Cuando usted vive más allá del sí, cree que siempre hay una respuesta. En realidad, tiene la certeza de que no hay *una* sola respuesta; piensa que hay muchas buenas respuestas. Eso lo hace estar dispuesto a trabajar para encontrarlas, y también lo impulsa a ser parte de ellas.

VIVIR MÁS ALLÁ DEL SÍ SIGNIFICA TENER ESPERANZA

Los que viven más allá del sí logran tener esperanza en toda situación. No solo creen que vale la pena ayudar a todas las personas, sino que también es *posible* ayudarlas. Y trasmiten esa esperanza a la gente que la necesita: aquellos que la han perdido, se han desanimado y no ven un camino positivo para avanzar. Vivir más allá del sí es inspirador.

Vivir más allá del sí significa hablar de manera positiva

Cuando usted vive más allá del sí, piensa y habla de forma positiva. Deja de preguntar: «¿Podemos?» y empieza a preguntar: «¿Cómo podemos?». Lograr un cambio positivo ya no es una cuestión de posibilidad, sino de cómo y cuándo hacerlo. Y al igual que Larry Stockstill, usted expresa palabras positivas para inspirar acciones positivas en los demás. Usted empodera a los demás con la fuerza de su esperanza. Utiliza la comunicación como un catalizador para transformar comunidades.

Ante una crisis, continúe hablando

Hablar de forma positiva y vivir más allá del sí puede ser a veces un desafío, sobre todo ante la adversidad y los problemas. Así lo comprendió Roy Moore, un amigo de Rob. Roy recibió una llamada inesperada del subdirector de la escuela donde estudiaba su hijo Matthew. Sus palabras fueron: «Tiene que venir a buscar a Matthew. Quiere quitarse la vida».

«No estaba preparado para esa llamada —expresó Roy—. No había absolutamente nada que alguna vez me hubiera indicado que mi hijo podría tener una conducta suicida».

Matthew era un apuesto chico de trece años, brillante, optimista, con mucho potencial y grandes oportunidades por delante. El internado al que asistía era para jóvenes como él, muchachos con un gran potencial, que se preparaban para ser líderes. El hermano mayor de Matthew había ido a esa escuela, y Matthew incluso había asistido a un programa de verano allí que le agradó mucho. En realidad, durante su primer semestre parecía estar prosperando. Había hecho amigos, jugaba al fútbol americano, actuaba en obras de teatro, era parte del cuadro de honor académico y participaba en el servicio comunitario. A todas luces, le iba muy bien. La administración incluso lo reconoció como un ejemplo de lo que era la escuela.

Roy voló inmediatamente a la escuela, recogió a Matthew y lo llevó a casa. Mediante varias conversaciones, Roy y su esposa, Lisa, supieron lo que había pasado. Otros chicos de la escuela atacaban a Matthew y lo acosaban debido a sus buenos resultados. Nadie supo lo difícil que se había tornado su vida hasta que un día le confesó al supervisor de su piso en la residencia que no deseaba vivir más. Quería ir hasta un lago cercano, lanzarse al agua y ahogarse.

Roy y Lisa actuaron sin dilación. Contrataron a un terapeuta para que trabajara con Matthew y con ellos. Comenzaron a investigar sobre la prevención del suicidio. Buscaron una nueva escuela para el joven y continuaron hablando con él, tratando de ayudarlo a recuperar la alegría y la esperanza que una vez tuvo en su vida. Sin embargo, Roy podía notar que no estaba dando resultado. Después de su primer día de octavo grado en la nueva escuela, Matthew se presentó ante el director y manifestó: «No me siento bien. No estoy seguro de poder hacer este tipo de cosas».

Roy se sentía fracasado como padre. «Educamos a Matthew con valores y la creencia de que podía lograr cualquier cosa que se propusiera, pero no lo crie para que esperara que hubiera gente en este mundo que quisiera hacerle daño».

UN SALVAVIDAS PARA MATTHEW

Roy comenzó a informarse sobre el suicidio y descubrió que cuando una persona se quita la vida es porque tiene el propósito de hacerlo, un plan para hacerlo y un plazo para llevarlo a cabo. Un día, cuando Matthew dejó de verse nervioso y le dijo tranquilamente a su madre: «Te voy a echar de menos», se dieron cuenta de que había llegado a ese punto. Sabían que tenían que actuar. Buscaron una forma de ayudarlo, pero solo encontraron una opción viable: un centro de tratamiento fuera del estado. Inmediatamente los tres se dirigieron allí. Mientras internaban a Matthew, Roy se sintió muy conmovido al ver el rostro demacrado de su hijo y su mirada baja y oscura, como alguien incapaz de encontrar su camino.

Matthew pasó un año en ese centro. Roy y Lisa lo visitaban frecuentemente y asistían a sesiones de terapia junto a él, también se reunían a solas con un terapeuta, y participaban en sesiones junto a otros padres y sus hijos. «Hubo un período en el que Matthew realmente se esforzaba —declaró Roy—, y luego entró en una etapa de abandono que duró varios meses. No sabíamos si iba a poder superar el problema». Afortunadamente, lo hizo.

¿A QUIÉN SE PUEDE ACUDIR?

Durante esos difíciles momentos en los que Roy y Lisa estuvieron en el centro de tratamiento, escucharon las trágicas historias de otras familias de niños que sufrían acoso y querían quitarse la vida. Roy comenzó a hacerse preguntas más amplias. «¿Cuán grave es esta situación?». «¿Cuál es la magnitud real del problema?». «¿Quién se ocupa de hacerle frente?». «¿Por qué mucha gente no sabe que cada año más de un millón de nuestros niños tratan de quitarse la vida?». «¿Por qué no lo sabía yo?».

Roy comprendió que el acoso escolar era un gran problema; y no era igual que cuando él, Rob y yo éramos niños. Hace años, si tenías problemas con un bravucón en la escuela, encontrabas alivio cuando volvías a casa. Ahora, debido a la comunicación, los teléfonos celulares y los medios sociales, el acoso te sigue a todas partes. Esa es una de las razones por las que veinte adolescentes se quitan la vida todos los días en Estados Unidos.

Roy comenzó a investigar la prevención del acoso escolar. Trató de localizar organizaciones que ayudaran a padres como él con este gran problema, pero no encontró ninguna que según su criterio estuviera haciendo algo para *cambiar* realmente la situación. Así que decidió tomar la iniciativa y hacer algo al respecto por sí mismo. Se dedicó a crear una organización que pudiera apoyar de un modo significativo a los adolescentes con problemas.

La idea surgió de su corazón. «Comencé a pensar en las personas a las que serviríamos —expresó—. Quería entender lo que es servir a alguien como mi hijo, como estos muchachos, y a padres como nosotros. ¿Cómo se ayuda a los chicos a dejar de ser víctimas y convertirse en vencedores?».

EL NACIMIENTO DE «SÉ FUERTE»

Roy sabía que los adolescentes no querían escuchar a un hombre de cincuenta años hablar sobre el acoso, así que reclutó a Nick Vujicic para que se convirtiera en el principal comunicador sobre el tema. Sin embargo, también sabía que un cambio duradero requería de algo más que mensajes contra el acoso, así que fundó una organización llamada «Sé Fuerte» centrada en el uso de la comunicación positiva para disminuir el acoso, ayudar a los niños a superarlo cuando ocurra y prevenir los suicidios. Actualmente la organización opera a través de lo que Roy describió como cuatro canales principales:

- **La organización de grandes eventos**: Lo que comenzó en auditorios y arenas ha continuado con eventos que se trasmiten simultáneamente a grandes audiencias. Por ejemplo, en 2019, un evento en Houston llegó a 1,25 millones de estudiantes.

- **El reclutamiento y empoderamiento de líderes estudiantiles**: Como se sabe que las conversaciones más efectivas son de estudiante a estudiante, Sé Fuerte comenzó a reclutar y capacitar a líderes estudiantiles para formar clubes en los campus de las escuelas. En esos clubes, los chicos pueden relacionarse con otros chicos, brindarles esperanza y ofrecerles un lugar al que pertenecer. También se exhorta a los estudiantes a almorzar con otros chicos que parecen estar aislados.

- **Programas para estudiantes y administradores escolares**: Además de los clubes, se les ofrece a los estudiantes, los maestros y los administradores un programa de doce semanas que enseña habilidades sociales y emocionales para enfrentar con éxito las dificultades. Ashleigh Cromer, directora ejecutiva de Sé Fuerte, expresó: «No podemos detener el acoso escolar, pero podemos aprender a manejarlo de forma adecuada».[1]

- **La creación de una aplicación que las personas pueden usar para encontrar ayuda**: Sé Fuerte diseñó una aplicación que los chicos pueden usar para llamar al 911, enviar un mensaje de texto o llamar a un consejero cuando tienen problemas y conocer sobre los servicios gratuitos de su localidad.

Decir que todo esto ha sido exitoso sería quedarse corto. A principios de 2020, Sé Fuerte tenía líderes estudiantiles (llamados representantes estatales) en cuarenta y ocho estados. Las iniciativas llamadas Clubes Sé Fuerte y Cenemos Juntos se han implementado en cientos de escuelas en treinta y cinco estados. Es increíble darse cuenta de que todo esto se ha logrado en poco más de cinco años.

Roy está muy esperanzado. Y lo que es más importante, también lo está su hijo, Matthew, y decenas de miles de otros chicos que alguna vez se sintieron desanimados. Actualmente Matthew está finalizando sus estudios universitarios. Le pregunté a Roy sobre qué pensaba Matthew ahora de lo que se ha hecho por tantos chicos en todo el país, y Roy me respondió: «Luego de saber el resultado de todo lo sucedido, con gusto volvería a pasar por todo de nuevo».[2] Esa es una perspectiva extraordinaria de alguien que ha pasado por tanto, y pone de manifiesto su deseo de marcar la diferencia para los demás.

CONVERSACIONES DE TRANSFORMACIÓN

La Ley de la Comunicación en *Las 17 leyes incuestionables del trabajo en equipo* establece que la interacción aviva la acción. Sin comunicación, el cambio positivo simplemente no ocurre. Si queremos ser agentes de transformación, tenemos que seguir hablando como lo hizo Roy Moore, y debemos aprender a tener conversaciones transformadoras con los demás.

Lo triste es que las conversaciones positivas están comenzando a ser un arte olvidado. Las personas se han obsesionado con los problemas en lugar de buscar las soluciones, hablan en lugar de escuchar, critican sin descanso en los medios sociales en lugar de sentarse juntos a la mesa, y se centran en lo que nos divide en lugar de buscar lo que podría unirnos. Aun así, podemos cambiar esa situación. He aquí algunas pautas para tener conversaciones de transformación con los demás.

1. LAS CONVERSACIONES DE TRANSFORMACIÓN COMIENZAN CON LA REALIDAD

Que las conversaciones de transformación sean positivas no significa que ignoren la realidad. No se resuelven los problemas al evitarlos ni se superan los obstáculos al fingir que no existen. Sin embargo, no todo el mundo está dispuesto a iniciar una conversación realista. En su libro *La gerencia en tiempos difíciles*, Peter Drucker escribió: «Una época de turbulencia es un momento peligroso, pero su mayor peligro es la tentación de negar la realidad».[3] Esa tentación a menudo se manifiesta en palabras como estas:

- «Que alguien más se ocupe de esos problemas».
- «Esos problemas nunca desaparecerán, así que para qué ocuparse de ellos».
- «Alguien hará algo al respecto cuando la situación se torne lo suficientemente mala».
- «Uno de estos días yo haré algo al respecto».

Mientras que otros ignoran los problemas o se quejan de ellos, las personas que trabajan para cambiar su mundo los reconocen y hacen algo al respecto. Cuando usted se prepara para iniciar una conversación transformadora, debería expresarse de este modo:

- «**Sí, tenemos problemas**». Damos inicio al proceso al reconocer el problema, definirlo y darle su debida importancia.
- «**Sí hay soluciones para ese problema**». Como ya hemos señalado, para tener éxito, debe creer que hay respuestas antes de poder encontrarlas.
- «**Debemos ser parte de esas soluciones**». Roy Moore podría haber quedado satisfecho con la recuperación de Matthew y luego volver a sus propios asuntos. Pero no lo hizo. Las conversaciones que tuvo con otras familias lo hicieron consciente de dos cosas. Primero, el problema del acoso, y sus consecuencias, no se limitaba a lo que le había sucedido a su familia. Esa era la realidad. Segundo, quería hacer algo al respecto.

Si queremos que los problemas de nuestro mundo se solucionen, debemos enfrentar la realidad y ser parte de la solución. El cambio comienza con nosotros, cuando comenzamos a actuar. Eso no significa que no haya desafíos. Todo lo que vale la pena es cuesta arriba, y la subida puede ser lenta. Es algo normal. La transformación de la comunidad no es fácil, pero siempre vale la pena.

2. LAS CONVERSACIONES DE TRANSFORMACIÓN GENERAN IDEAS Y SOLUCIONES MEJORES

Cuando vive más allá del sí y participa en conversaciones de transformación, usted estimula a los demás a encontrar mejores respuestas. A la hora de generar ideas, los diálogos son siempre mejores que los monólogos, y las conversaciones en las que participan tres o más personas son aún mejores. Si una persona puede tener buenas ideas, un grupo puede tener muchas buenas ideas; cuando hay suficientes buenas ideas y suficientes personas trabajando juntas para mejorarlas, se pueden generar grandes ideas.

Durante muchos años, mi equipo y yo hemos participado en conversaciones de transformación para generar mejores ideas. Cada libro importante que he escrito, incluyendo este, ha pasado por estas sesiones creativas donde la mejor idea gana. En este caso fueron especialmente divertidas y productivas porque ambos (Rob y yo) tuvimos miembros de nuestro equipo que aportaron ideas. Me encantó.

También utilizamos las conversaciones de transformación para generar ideas y soluciones en nuestras organizaciones. Mi director ejecutivo, Mark Cole, y yo hemos tenido una serie de conversaciones de transformación con Richard Chandler y su equipo. Richard, un exitoso hombre de negocios y filántropo, es presidente del Grupo Clermont, una organización de avanzada que ayuda al desarrollo de los países mediante la promoción de buenos valores empresariales. Fue él quien me dio la idea de la escalera como uno de los elementos que permiten el desarrollo de un movimiento de transformación. Eso me llevó a pensar en ideas para las otras cinco imágenes.

Esta sinergia que se produce en las conversaciones de transformación también se manifestó cuando me reuní con mi equipo de redacción, Charlie Wetzel, Jason Brooks y Erin Miller, para hablar de los elementos de un movimiento de transformación, y todos apoyaron la idea de utilizar imágenes para representarlos. Erin, quien me ha ayudado a escribir nuestro plan de estudios para jóvenes y es muy intuitiva, compartió sus ideas, y el talentoso Jason comenzó a dibujarlos en una pizarra cercana. Lo que dibujó se parecía mucho a lo que finalmente usamos.

Nuestro objetivo era hacer que las ideas para el movimiento de transformación fueran sencillas y atractivas. Nos dijimos: «Sigamos conversando», y por eso logramos llegar a las imágenes que usamos y a las frases «de arriba hacia abajo», «de abajo hacia arriba», «de adentro hacia afuera», y así sucesivamente. Quién sabe las cosas que podría descubrir, aprender y mejorar cuando dé valor a una conversación y continúe hablando.

3. Las conversaciones de transformación brindan esperanza

La característica que define toda conversación de transformación es la esperanza. Sin esperanza, las personas no continuarán trabajando para lograr la transformación. Por otro lado, seguirán esforzándose si la hay. La esperanza es una de las razones por las que Rob y yo escribimos este libro. Queremos que sea un mensaje de esperanza para usted, para que pueda compartir ese mensaje con otros.

Note el contraste entre las personas que tienen pocas esperanzas y las que tienen grandes esperanzas:

Pocas esperanzas	Grandes esperanzas
Se centran en los síntomas	Se centran en las soluciones
Evitan participar	Participan
Alimentan el miedo	Alimentan la fe
Se cansan	Se inspiran
Se retiran	Se zambullen
Se rinden	Siguen adelante

La esperanza es edificante e inspiradora, pero también es algo más. El psicólogo Shane López, quien fue investigador principal de Gallup, señaló la diferencia entre las ilusiones y la esperanza, y cuán fuerte es la esperanza. «Cuando tenemos esperanza, tenemos grandes expectativas para el futuro *y* una visión clara de los obstáculos que debemos superar para llegar allí. Estamos preparados para la acción. Por otro lado, las ilusiones pueden socavar nuestros esfuerzos, y hacernos pasivos y menos propensos a alcanzar los objetivos deseados».[4] También señaló que la fuerza de la esperanza es superior al optimismo. Expresó:

LA CARACTERÍSTICA QUE DEFINE TODA CONVERSACIÓN DE TRANSFORMACIÓN ES LA ESPERANZA.

Usted es optimista si cree que el futuro será mejor que el presente [...]. Usted tiene esperanza si cree que el futuro será mejor y piensa que tiene un papel en lograr que así sea. Puede considerarse un realista empedernido, incluso un pesimista, alguien que ve el mundo de un modo claro y frío, pero actúa para mejorar cualquier situación que sea importante para usted.

El optimismo es una actitud. No se preocupa por la información real sobre el futuro, y puede no tener un objetivo específico [...]. El optimismo tiene que ver en parte con el temperamento [...]. Sin embargo, cuando la vida nos pone una zancadilla, cuando las cosas se ponen difíciles, los optimistas pueden quedar atascados y frustrarse. Las personas que tienen esperanza brillan en medio de las situaciones negativas. Disponen de la energía para actuar y se sienten realizadas y dignas al seguir adelante, sea cual sea el reto.[5]

Este equilibrio, entre el pensamiento realista, el deseo de un futuro mejor, la energía y la voluntad de actuar y la responsabilidad de lograr un cambio positivo, es poderoso. Sin embargo, este poder solo se libera cuando se expresa la esperanza. Eso fue lo que sucedió en mi interacción con Larry Stockstill, que describí en la parte inicial de este capítulo. Cuando Larry dijo: «La respuesta es sí», estaba expresando su esperanza *y* su intención de ayudar a hacer realidad lo que esperábamos lograr. Al expresar su esperanza la habitación también se llenó de ella, y fue entonces cuando en la conversación surgieron las posibilidades.

Rob habla muy bien del libro *Hope Rising* [La esperanza crece] de Casey Gwinn y Chan Hellman y lo recomienda a menudo. Sus autores definen la esperanza de esta manera: «La esperanza no es solo una idea; no es simplemente una emoción. Es mucho más que un sentimiento. No es un deseo, ni siquiera una expectativa. La esperanza tiene que ver con los objetivos, la fuerza de voluntad y los caminos. Una persona con mucha esperanza tiene objetivos, la motivación para ir tras ellos y la determinación de superar los obstáculos y encontrar caminos para alcanzarlos».[6] Todo esto debe estar presente en toda conversación de transformación que usted tenga con otros. Debe dejar claros los objetivos. Debe aprovechar la fuerza de voluntad colectiva para lograr esos objetivos, y debe mostrarles a las personas el camino que deben seguir para alcanzarlos. Es de igual importancia que usted sea proactivo y anime a sus interlocutores a ser proactivos y participar activamente en la consecución de los objetivos. Como Gwinn y Hellman observaron: «La esperanza es la creencia de que su futuro puede ser más brillante y mejor que su pasado y que usted realmente tiene un

> «LAS PERSONAS QUE TIENEN ESPERANZA BRILLAN EN MEDIO DE LAS SITUACIONES NEGATIVAS».
> —SHANE LOPEZ

papel que desempeñar para que así sea».[7] Rob ha leído muchos de los estudios que validan la ciencia de la esperanza.[8] Estos estudios brindan un respaldo adicional a lo que hemos discutido en el capítulo anterior sobre la medición de los resultados.

4. LAS CONVERSACIONES DE TRANSFORMACIÓN CELEBRAN LOS ÉXITOS A TRAVÉS DE LA NARRACIÓN DE HISTORIAS

Uno de los medios de comunicación más efectivos es la narración de historias. Vanessa Boris, una gerente principal de Harvard Business Publishing, observó:

Narrar historias es uno de los medios más poderosos que tienen los líderes para influenciar, enseñar e inspirar. ¿Qué hace que la narración de historias sea tan efectiva para el aprendizaje? En primer lugar, la narración de historias establece vínculos entre las personas, y entre las personas y las ideas. Los relatos transmiten la cultura, la historia y los valores que unen a las personas. Cuando se trata de nuestros países, nuestras comunidades y nuestras familias, comprendemos intuitivamente que las historias que tenemos en común son una parte importante de los lazos que nos unen.[9]

Rob y yo hemos usado la narración de historias a lo largo de toda nuestra carrera. Las historias son poderosas en todas las etapas de la comunicación: al explicar la visión, en el reclutamiento, en la capacitación, al estimular el buen trabajo, al darle aliento a las personas cuando están deprimidas y al celebrar juntos las victorias.

¿Por qué son tan efectivas las historias?

Las buenas historias influyen emocionalmente en las personas

Una historia bien contada no solo transmite información o brinda una cronología de acontecimientos, sino que también hace uso de los conflictos, la tensión y el suspenso para generar emociones. También incluye el humor, en resumen, tiene un alma, y eso es importante. Cuando las personas escuchan una historia, se ponen en el lugar de sus protagonistas. Eso los vincula con ella a nivel personal. Una de las historias más emotivas que uno puede escuchar es una sobre la transformación personal. La historia del cambio positivo de una persona se convierte en un testimonio de la capacidad que todos tenemos para experimentar esa transformación, y hace que los demás también deseen cambiar su vida. No es de extrañar que las personas se sientan atraídas por las conversaciones de transformación que ocurren a su alrededor.

Las buenas historias comunican verdades

Las historias influyen tanto a nivel emocional como intelectual, por eso pueden comunicar verdades profundas. La narradora, poeta y profesora, Merna Hecht, expresó: «Hay una *enorme* diferencia entre las noticias y las historias. Los medios de comunicación nos informan de importantes maneras, no lo niego. Sin embargo, la narración de historias es el tipo de información que permite la *transformación*».[10]

Si hace un recorrido por la historia humana notará que las historias se han usado para comunicar la verdad. Desde los primeros tiempos, las personas se reunían alrededor de fogatas o pintaban imágenes en las paredes de las cuevas para contar historias. Poetas como Homero recitaban historias como la *Ilíada* y la *Odisea* para transmitir verdades culturales y sociales. Jesús contó parábolas para trasmitir profundas verdades espirituales. Los hermanos Grimm recogieron cuentos populares que enseñaban lecciones de sentido común que se transmitían de una generación a otra. Y hoy en día los cineastas realizan películas, tanto de ficción como basadas en hechos reales, para comunicar ideas y conmover a la gente.

Las historias que más me gustan son las que comunican la verdad del cambio positivo que personas reales experimentan a medida que su vida mejora. Aquí le muestro algunas historias de cambio basadas en las imágenes sobre la transformación que compartí en el capítulo 4.

La cascada representa a los líderes que vierten las aguas de la transformación sobre las demás personas; este es el caso de Gaby Teasdale de Paraguay. Gaby se sintió inspirada para tratar de lograr un cambio positivo en su país y se convirtió en una catalizadora de la transformación. Al volver a casa luego de una conferencia, comenzó a hablar con su familia, con los miembros de su comunidad y con sus líderes sobre las posibilidades de lograr un cambio positivo allí. Sorprendentemente, sin ninguna conexión directa con el presidente de Paraguay, pudo hablar con él y conseguir que se sumara al proceso de enseñanza y práctica de buenos valores en las mesas de transformación. Gracias a ella, 247 000 personas participan hoy en las mesas de transformación. Y miles de estudiantes aprenden valores en las escuelas mediante el programa YoLidero.

La escalera es una imagen de esperanza, una forma de que las personas salgan de la pobreza y vivan la vida que aspiran tener. Yomila Cos de Guatemala ha estado subiendo esa escalera. Expresó:

> Solía ser muy tímida y temerosa. Tenía miedo de conocer gente nueva y experimentar cosas nuevas. Participar en una mesa redonda sobre valores fue muy útil para mí; pude conocer nuevas personas y pasar tiempo con ellas. Fue una gran oportunidad para mí.
>
> La actitud positiva fue el valor que más me impactó. Me hizo darme cuenta de todo lo que me estaba perdiendo y me ayudó a ver las oportunidades que la vida ponía ante mí. En ese momento, me ofrecieron una oportunidad de trabajo que en meses anteriores habría rechazado por miedo. Sin embargo, había tomado la decisión de cambiar mi actitud, así que acepté el empleo. ¡Esa decisión abrió ante mí un mundo completamente nuevo! Mi trabajo me ha permitido influir de manera positiva en las aldeas de los alrededores. Nada de esto hubiera pasado si no hubiera tomado la decisión de cambiar mi actitud.

Yomila ahora sube la escalera de la esperanza y construye escaleras para otros en su comunidad.

El corazón representa el cambio de adentro hacia afuera, cuando las personas aprenden buenos valores y viven según ellos. Deborah Sandoval, una oficial de policía en Guatemala, experimentó ese tipo de cambio en su vida cuando hizo suyo el valor de escuchar. Expresó: «Estoy aprendiendo a escuchar más para evitar malentendidos en casa y en el trabajo. Solía interrumpir a la gente cuando hablaba. A menudo terminaba las frases que decían, pero la mayoría de las veces me equivocaba o malinterpretaba lo que intentaban expresar. El primero en notar mi cambio fue mi esposo, y nuestra relación ha mejorado enormemente. La primera vez que dejé hablar a mi esposo sin interrumpirlo, y él lo notó,

¡casi detuvo el automóvil y me preguntó si estaba enferma! En ese momento comprendí que no escuchar se había convertido en un problema en nuestra relación».

Las manos unidas cuentan la historia de la asociación, como la que se estableció entre mi organización sin ánimo de lucro EQUIP y Lidere cuando pusimos en marcha el programa Un Millón de Líderes. Mientras nos preparábamos para capacitar líderes en América Latina, le pedí a John Vereecken, director de Lidere, que estuviera al frente de la iniciativa. Gracias a su liderazgo y a su red, pudimos capacitar juntos a medio millón de líderes en el mundo hispanoparlante.

Cuando mis organizaciones sin fines de lucro se preparaban para implementar las mesas de transformación, nos asociamos de nuevo con John y Lidere. Desde 2013 hemos puesto en práctica iniciativas de transformación en Guatemala, Paraguay y Costa Rica. Más de un millón y medio de adultos y estudiantes aprenden valores y viven según ellos gracias a esa asociación. Además, Lidere también nos ayuda a medida que extendemos nuestros programas más allá de América Latina.

Por último, el puente representa las historias de personas que transitan desde su antigua forma de vida hacia la vida que desean vivir. Morenike Ayinde ha creado una versión en línea del currículo de YoDecido, que es parte de nuestro programa YoLidero, para estudiantes de Nigeria y Kenya, y ya observa cambios positivos en los estudiantes de esos países. Una estudiante llamada Victoria afirma que se ha vuelto más positiva con los demás, más intencional en su crecimiento y más constante en su rutina diaria. «Me he vuelto más responsable conmigo misma y con los demás, y ahora soy muy consciente de cómo me hablo y me veo a mí misma». Asimismo, otra estudiante llamada Bernice expresó: «Después de la lección sobre la actitud positiva, comencé un diario de gratitud. Me ayuda a enumerar las cosas por las que estoy agradecida».

El progreso que Morenike ha visto en otras personas le sirve de inspiración para seguir trabajando. Por las historias que escucha, sabe que lo que hace está dando fruto. Dio a conocer: «Mi sueño es levantar y preparar a la próxima generación de líderes en toda África». Morenike hace lo que puede para cambiar su mundo.

Las buenas historias permanecen en la mente de las personas

Las historias también ayudan a recordar lo que se ha aprendido. Son pegajosas. Esa es una de las razones por las que siempre las he contado en mis libros. Los datos se desvanecen, pero las historias se quedan con las personas. Cuando recuerdan la historia, incluso si han olvidado los datos, la historia puede llevarlas de vuelta a la verdad contenida en ella.

La investigación lo confirma. Los expertos han descubierto que cuando las personas escuchan historias, se libera la hormona oxitocina, llamada la hormona del abrazo y de los días festivos. No es de extrañar que Jennifer Aaker, profesora de mercadotecnia en la Escuela de Postgrado de Negocios de la Universidad Stanford, descubriera que las historias se recuerdan hasta veintidós veces más que los datos.[11] Si quiere que las personas recuerden lo que usted comunica en una conversación de transformación, incluya una historia.

Las buenas historias inspiran a otras personas

Cuando ponemos en marcha una nueva iniciativa de transformación en un país, invito a instructores del John Maxwell Team a que se sumen para capacitar a las personas en cómo realizar las mesas de transformación. Cientos se ofrecen como voluntarios, llenos de entusiasmo, pagan sus propios gastos y se convierten en parte de la iniciativa.

La primera noche, los reúno a todos para contarles una historia que es sobre ellos mismos, para inspirarlos. Les digo: «Su vida está a punto de cambiar de una manera maravillosa. Van a ir a empresas, oficinas del gobierno y escuelas para capacitar a los facilitadores de las mesas de transformación. ¡En los próximos tres días prepararemos a diez mil personas! Han renunciado a mucho para estar aquí, han dedicado tiempo y recursos; trabajarán duro, pero agregarán valor a la gente, y marcarán la diferencia.

»Otros equipos similares a este los han precedido —continuó—. Todos han experimentado lo que están a punto de descubrir. Su sacrificio se convertirá en algo significativo. No importa cuánto den, recibirán más. No importa cuánto enseñen, aprenderán más. No importa cuánto amen, recibirán más amor. Vinieron a marcar una diferencia positiva en la vida de los demás. Se irán con la certeza de que otros marcaron una diferencia positiva en ustedes. Una vez que hayan experimentado lo que es ser significativo, el éxito nunca los satisfará de nuevo».

Luego de esos tres días extenuantes en los que los instructores pasan horas viajando en auto o furgoneta, a menudo por caminos difíciles, y pasan horas capacitando a otras personas a través de traductores inexpertos, nos reunimos de nuevo para hablar de la experiencia. Y contamos historias. Reímos, lloramos y celebramos. Resulta muy inspirador ver que muchos de nuestros instructores se ofrecen de nuevo como voluntarios para nuestra siguiente capacitación en el extranjero.

Cuando las personas saben que sus esfuerzos están dando fruto y que se produce una transformación, se sienten inspirados a seguir trabajando. Michael Margolis, director ejecutivo de Get Storied, expresó: «Las historias que contamos dan forma al mundo. Si quiere cambiar el mundo, tiene que cambiar la historia que cuenta. Esta verdad es aplicable tanto a los individuos como a las instituciones».[12] Cuando usted se transforma, cambia su historia, y al contar esa historia de transformación, ayuda a otros a iniciar o a continuar su propia transformación. A medida que ellos cambian, pueden ayudar a otras personas a cambiar. Así es como transformamos el mundo.

5. Las conversaciones de transformación se convierten en una comunidad de apoyo

Cuando la gente se reúne y tiene conversaciones honestas sobre su transformación, se crea una comunidad de apoyo mutuo. Esa es una de las razones por las que las mesas de transformación son tan efectivas. Las personas pueden animarse unas a otras y expresar su fe en su capacidad de cambio. Pueden participar en conversaciones difíciles cuando sea necesario. Aquellos que están más adelantados en el proceso pueden ser mentores de otros que no hayan avanzado tanto. Es obvio que el tiempo que pasamos alrededor de la mesa, junto a los demás, trae beneficios que no podrían lograrse con personas aisladas.

6. LAS CONVERSACIONES DE TRANSFORMACIÓN ACTIVAN EL POTENCIAL DE LAS PERSONAS

> ¿CUÁL ES EL OBJETIVO PRINCIPAL DE UNA CONVERSACIÓN DE TRANSFORMACIÓN? EL OBJETIVO PRINCIPAL ES ACTIVAR EL POTENCIAL QUE HAY EN LOS DEMÁS.

¿Cuál es el objetivo principal de una conversación de transformación? El objetivo principal es activar el potencial que hay en los demás. Cuando creemos en las personas, cuando las apoyamos, las estimulamos, resaltamos lo mejor de ellas, les decimos la verdad y las inspiramos, las estamos ayudando a ser lo mejor que pueden ser. Eso no solo requiere que cambien, sino que se conviertan en las personas que siempre *pudieron* ser.

Eso le sucedió a Rob en 1995 cuando experimentó una conversación transformadora que cambió el curso de su vida. En aquel momento, Rob consideraba la posibilidad de cambiar de carrera. Durante años había trabajado bajo el liderazgo de su padre en OneHope. Ser parte de una organización sin fines de lucro es maravilloso en muchos sentidos, pero también tiene sus propios desafíos. Rob estaba listo para alejarse de OneHope y ocupar un puesto estable y lucrativo en el mundo de los negocios. Entonces su padre, Bob, fue diagnosticado con cáncer grado 4.

El cáncer en este estadio no es un diagnóstico que nadie quiera tener, porque el pronóstico generalmente no es bueno. Mientras Bob estaba convaleciente, se le pidió a Rob que tomara el lugar de su padre en la organización. Así que se vio en el dilema de irse o no, aunque al mismo tiempo se esforzó por asumir más responsabilidades.

Una de las tareas que Rob tuvo que asumir inmediatamente fue asistir a una conferencia. Era algo de suma prioridad para su padre, pero Rob no quería ir. Se sentía aplastado bajo la presión de liderar OneHope. No creía estar en condiciones de ocupar el lugar de su padre, y estaba atrasado en sus tareas. «Me sentía inseguro y, francamente, fracasado», expresó Rob, pero al no ver otra opción, Rob tomó un avión y fue a la conferencia.

Como no podía evitar asistir a la conferencia, la estrategia de Rob fue conseguir una habitación para él solo y así poder trabajar todo lo posible. Sin embargo, se presentó un problema. Al llegar al centro de conferencias, supo que un conocido suyo, Morgan Jackson, había pedido alojarse junto a él, y no había otra alternativa para Rob.

Durante la conferencia, Rob asistió a varias reuniones, pero la mayoría le pareció una pérdida de tiempo. *¿Por qué estoy aquí?*, se preguntaba. En cuanto pudo, se retiró a su habitación para trabajar, pero Jackson, que también era director de una organización sin fines de lucro, estaba a menudo allí. Y era muy hablador. Cada vez que Rob se sentaba a trabajar o intentaba dormir, Jackson comenzaba a hablar. Una de esas conversaciones resultó transformadora para él. Rob expresó:

Jackson comentó que estuvo en una posición similar a la mía. Él también se había hecho cargo de una organización sin fines de lucro de su padre. Y se sintió como un fracasado. No podía hacer lo que su padre había hecho, y pensó abandonar su puesto.

Luego me contó que una tarde mientras paseaba por un jardín notó que en él había diferentes tipos de plantas exóticas, muchas de las cuales estaban en macetas. Cuando vio al jardinero, le preguntó:

—¿Por qué tiene todas estas plantas en macetas?

—Esas son plantas que vendemos —respondió el jardinero—. ¿Puede adivinar qué edad tienen?

Jackson miró las plantas en las macetas y dijo:

—No sé. ¿Un par de meses quizás?

—No —respondió el jardinero—. Tienen entre tres y cinco años —luego le mostró varios árboles grandes, llenos de frutos—. ¿Qué edad cree que tienen esos árboles?

—¿Diez años tal vez? —respondió Jackson.

—Tienen la misma edad: de tres a cinco años. La diferencia es que estas se sembraron en macetas —explicó y señaló las plantas más pequeñas—, y esos árboles grandes y sanos están plantados en la tierra.

Jackson finalmente me dijo: «Rob, Dios me encargó que te hiciera una pregunta: ¿Estás en una maceta o plantado en la tierra?».

La conversación fue realmente transformadora para Rob. Se debatió con esa pregunta. ¿Estaba en una maceta o plantado en la tierra? Después de horas de meditar y orar, Rob tomó una decisión. Quería tener una vida fructífera.

«Me afiancé en la visión, a pesar de todas mis inseguridades y mis miedos —expresó Rob—. Si soplaban los vientos, si llegaban las tormentas, si papá moría, no importaba. Estaba comprometido. No quería vivir mi vida en una maceta».

Cuando Rob regresó a casa, se dio cuenta de que su padre se estaba recuperando. Bob sigue bien más de veinticinco años después, y Rob sigue plantado firmemente en la visión de OneHope.

• • •

Tal vez ese sea el mayor valor de las conversaciones de transformación. Nos llevan a tomar mejores decisiones, que nos mejoran a nosotros mismos y a los demás. Las conversaciones de transformación nos inspiran a seguir adelante. Nos hacen intencionales. Nos alientan a vivir plantados en la tierra en lugar de vivir en una maceta.

¿Está dispuesto a participar en conversaciones de transformación como inspirador e inspirado, como mentor y discípulo, como narrador y oyente, como líder del equipo y miembro del equipo? ¿Está dispuesto a seguir hablando para que todos continúen haciendo? Esperamos y creemos que su respuesta es sí. Si aún no ha empezado a vincularse con otras personas y a tener conversaciones de transformación, comience hoy. Ayude a otros a alcanzar su potencial. Enriquecerá la vida de esas personas y posibilitará que tanto ellos como usted sean parte de los movimientos de transformación que cambian el mundo.

CAPÍTULO 9

AHORA LE TOCA A USTED CAMBIAR SU MUNDO

Siempre se dice que el tiempo cambia las cosas, pero en realidad uno mismo tiene que cambiarlas.

—ANDY WARHOL

Al comenzar a leer este capítulo final de *Cambie su mundo*, es posible que esté tratando de integrar todo lo que hemos abordado. Tal vez ya ha comenzado a hacerlo. Si es así, queremos animarlo y apoyarlo, pero también queremos señalarle un camino claro para que pueda cambiar su mundo.

SIGA LA HOJA DE RUTA

Le hemos dado una hoja de ruta para la transformación. Lo primero que le preguntamos en el capítulo 1 fue si quería cambiar su mundo, cambiarse a sí mismo y formar parte de un movimiento de transformación. Nuestro deseo es que los capítulos de este libro lo lleven en un ambicioso viaje de cuatro fases, de mí a nosotros para marcar la diferencia juntos. Este es un modelo de cambio transformador que Rob y yo hemos experimentado. Se ve así:

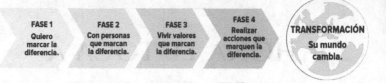

Cada fase del viaje representa crecimiento y desarrollo para todo aquel que quiera cambiar su mundo.

FASE 1: QUIERO MARCAR LA DIFERENCIA

Los dos primeros capítulos, «No podemos sentarnos a esperar que las cosas cambien» y «Conviértase en un catalizador del cambio», trataron sobre el deseo de marcar la diferencia. Esperamos que su lectura haya alimentado en usted un creciente deseo de cambiar su mundo, y haya confirmado su capacidad para lograr cambios positivos. Nos hemos esforzado por regar las semillas de la compasión y la convicción que hay en usted para que florezcan y se conviertan en esperanza. Una esperanza que ahora puede aprovechar para hacer de su mundo un lugar mejor. Ha conocido historias de personas que han logrado grandes cosas, y muchas de ellas no sospechaban que generarían cambios tan positivos. Ha descubierto que los catalizadores del cambio en nuestro mundo son a menudo personas comunes, impulsadas por el descontento, la frustración o la ira, que canalizaron sus emociones para hacer el bien. Sus acciones primero produjeron un cambio en ellas mismas, y a partir de ese cambio agregaron un valor asombroso a los demás, se convirtieron en líderes e iniciaron movimientos de transformación.

FASE 2: CON PERSONAS QUE MARCAN LA DIFERENCIA

En los capítulos 3 y 4, «Todos nos necesitamos mutuamente» y «Pongámonos de acuerdo», argumentamos la idea de que el cambio es mayor cuando todos trabajan juntos y cada persona aporta sus habilidades, su talento y su experiencia a la mesa para hacer que todos sean mejores. Cuando las personas colaboran, a menudo surgen movimientos y esto hace que con frecuencia la transformación se produzca a mayor escala, influya en un número más amplio de personas y se marque una diferencia aún mayor. Al analizar por qué algunos movimientos tienen éxito y otros fracasan, encontramos algo que se repite: cuando las personas que se preocupan por cambiar las cosas se ponen de acuerdo y trabajan sobre la base de valores compartidos, pueden marcar la diferencia.

FASE 3: VIVIR VALORES QUE MARCAN LA DIFERENCIA

Rob y yo nunca hemos presenciado un cambio positivo en una comunidad, ni su transformación, a menos que sus miembros adopten buenos valores. Esperamos que las historias sobre los cambios de vida en el capítulo 5, «Experimente el valor de los valores», le ayuden a comprender el poder de los valores para cambiar la vida de toda persona. Cualesquiera que sean sus esperanzas y sueños respecto a un cambio positivo, para usted mismo y para los demás, los buenos valores los harán mayores. Los buenos valores siempre son determinantes.

Luego de años de ayudar a las personas y de agregarles valor, hemos descubierto que la mejor manera de ayudarlas a vivir según buenos valores es a través de las mesas de transformación. Por eso le hablamos de ellas y de cómo funcionan en el capítulo 6, «La transformación ocurre una mesa a la vez».

FASE 4: REALIZAR ACCIONES QUE MARQUEN LA DIFERENCIA

Los capítulos 7 y 8, «Lo que se hace se mide» y «Sigamos hablando», tratan sobre las acciones que se deben llevar a cabo. En ellos ofrecemos principios prácticos para garantizar que las acciones que usted realice marquen la diferencia que desea. La esperanza, aunque poderosa, no es suficiente para cambiar su mundo. La acción es lo que en verdad marca la diferencia. Asimismo, para continuar obteniendo resultados, necesitamos seguir hablando entre nosotros, tener constantemente conversaciones de transformación.

> LA ESPERANZA, AUNQUE PODEROSA, NO ES SUFICIENTE PARA CAMBIAR SU MUNDO. LA ACCIÓN ES LO QUE EN VERDAD MARCA LA DIFERENCIA.

INTÉGRESE DONDE SEA MÁS ADECUADO

Lo invitamos a seguir la hoja de ruta. Hemos creado una forma fácil de hacerlo a través de nuestra página web ChangeYourWorld.com. Esta plataforma, rica en contenido, le brinda todos los recursos necesarios para que usted crezca en cada fase del proceso de transformación del mundo. Por supuesto, no todos se incorporarán mediante la misma vía de entrada a la transformación. Cada persona toma una ruta única, pero el resultado que deseamos es el mismo. Lo importante es que participe del viaje. No importa tanto *cómo* comience, sino que simplemente lo haga.

PUEDE ABRIR SU PROPIO CAMINO

Tal vez su viaje sea como el de Charlee Tchividjian-Sherry. Poco después de comenzar la escuela secundaria, decidió dejar los estudios.

Su padre, un buen amigo de Rob, le dejó claro a Charlee que, si no iba a seguir en la escuela, tenía que comenzar a trabajar. Rob le sugirió a Charlee que trabajara con OneHope. La idea le pareció atractiva, así que pasó cinco meses en Sudáfrica y trabajó en algunas de las zonas más pobres del país.

Su vida cambió un día mientras trabajaba con niños en los barrios bajos. Tuvo en sus brazos un bebé recién nacido, y cuando supo que lo habían rescatado de la basura porque su madre joven y sin apoyo lo había abandonado, Charlee quedó destrozada. «Volví a nuestra casa de acogida esa noche y lloré. Cuando mis lágrimas comenzaron a secarse, comprendí que, si alguien hubiera estado junto a esa chica en su angustia, ese niño aún podría tener una madre». En ese momento, decidió que haría algo para ayudar a las madres y a los niños. Luego expresó: «Regresé de África como una persona completamente nueva».

Charlee estaba decidida a abrir de inmediato un hogar de maternidad en África, pero sus amigos y familiares la convencieron de obtener primero un título universitario. Así que se matriculó en Liberty University, en Lynchburg, Virginia. Mientras estudiaba allí, comenzó a trabajar como voluntaria en un programa universitario que atendía a niños en el centro de la ciudad. Se sorprendió al descubrir que algunas partes de Lynchburg tenían un nivel de pobreza similar al de algunas partes de África. Su corazón comenzó a llevarla en una nueva dirección. En lugar de viajar por el mundo para brindar su ayuda, decidió crear un grupo de apoyo para madres jóvenes en dificultades allí en Lynchburg. Lo llamó Ēma, que significa «Every Mother's Advocate» [Defensor de toda madre]. Lo que comenzó como un grupo de apoyo en un solo barrio pronto se convirtió en un conjunto de grupos que trabajaban en los barrios pobres de la ciudad.

Después de graduarse y casarse, Charlee y su esposo, Matt, se trasladaron al sur de Florida, y ella decidió continuar con Ēma allí. Es cierto que tendría que empezar desde cero de nuevo, pero estaba decidida a hacerlo. Sin embargo, se preguntaba si en verdad estaba marcando una diferencia.

Después de transcurrido un año en el que se sintió atascada, consideró abandonar el proyecto. No obstante, antes de hacerlo, decidió evaluar de un modo objetivo lo que había funcionado y lo que no. Ēma había asesorado a setenta madres de la zona el año anterior, y asombrosamente el 98% de ellas había logrado mantener a sus hijos en sus propios hogares y evitar que fueran a hogares adoptivos temporales. Charlee sabía que cada año 2400 niños eran enviados a hogares adoptivos temporales en el sur de Florida.[1] Finalmente, Charlee había descubierto dónde podía marcar una diferencia mayor. Reestructuró Ēma y se centró en reducir el número de niños en hogares adoptivos temporales mediante la educación de madres con dificultades y el apoyo a aquellas que enfrentaban una crisis.

Comenzaron a llegar madres a Ēma. Muchas de ellas eran como Sarina. Cuando Sarina acudió a Ēma, estaba embarazada de seis meses y vivía en su automóvil averiado que se encontraba aparcado detrás de un restaurante. Había perdido ya la custodia de sus dos hijos mayores, y estaba desesperada por recibir ayuda. Los miembros de Ēma la ayudaron a encontrar un lugar donde vivir, solucionaron el pago de los primeros seis meses de alquiler, encontraron un mecánico que reparara su auto sin costo alguno y la ayudaron a encontrar un trabajo. También le brindaron ayuda psicológica y adiestramiento durante un período traumático. Después de nacido el bebé, fueron sus defensores en la corte, lo que le permitió quedarse con su hijo.

> «SI QUIERE LA COOPERACIÓN DE LAS PERSONAS A SU ALREDEDOR, DEBE HACERLES SENTIR QUE SON IMPORTANTES».
> —NELSON MANDELA

Durante el primer año con este nuevo enfoque, Ēma alcanzó a 269 madres y niños a través de sus programas y evitó que noventa y seis niños fueran enviados a hogares de acogida. Con una idea expresada por Nelson Mandela muy presente en su mente: «Si quiere la cooperación de las personas a su alrededor, debe hacerles sentir que son importantes», Charlee se aseguró de que cada joven madre que pasara por las puertas de Ēma fuera tratada con dignidad, respeto y amabilidad.

Charlee es alguien normal, pero está cambiando su mundo al ayudar a personas como Sarina y su hijo, Jacob. Cuando Charlee se encaminó en esta dirección, simplemente siguió el rumbo que le indicaba su corazón e hizo lo que consideraba correcto. Ha abierto su propio camino, y ha explorado la ruta para determinar dónde puede lograr un mayor impacto positivo. Usted puede lograr lo que Charlee ha logrado. Sus mayores fortalezas fueron querer marcar la diferencia, comenzar y perseverar. Si su camino es como el de ella, ¡entonces Rob y yo lo alentamos a continuar!

PUEDE UNIRSE A NUESTRO EQUIPO DE TRANSFORMACIÓN

Sin embargo, tal vez usted busca seguir un camino ya existente. Tal vez se sienta atraído por la idea de lograr cambios positivos al unirse a lo que Rob y yo estamos haciendo para cambiar el mundo. Eso es lo que Becky Bursell ha hecho. Se ha desempeñado como facilitadora de las mesas de transformación para la JMLF, y su vida ha cambiado.

Becky es una líder y una empresaria de enorme talento. Durante doce años ella y su esposo, John, trabajaron con una compañía de suplementos nutricionales, y tuvieron mucho éxito. Construyeron una organización que llegó a tener ochocientos mil representantes de ventas en más de sesenta países. Vendieron más de *mil millones* de dólares en productos. Aun así, en la cima de su éxito, Becky se dio cuenta de que no se sentía realizada. «Todos hemos escuchado que el dinero no compra la felicidad —expresó—. Bueno, yo había pasado doce años tratando de probar que esa teoría era falsa. Sin embargo, ¿saben qué? Resulta que el dicho es cierto. ¿Cómo es que después de tener éxito en cada negocio y objetivo financiero que me había propuesto, seguía deseando algo más grande?».

Becky comenzó a buscar respuestas. «A los cuarenta y un años volví a evaluar y a definir mis valores. Me basé en quién quería ser, no en lo que quería a cambio, y la única manera de hacerlo era empezar desde el principio, con una pizarra en blanco». Vendió su negocio, reexaminó sus valores, se aseguró de que quería marcar la diferencia en la vida de los demás y comenzó a buscar la manera de hacerlo.

Esto ocurrió una década y media después de habernos conocido. Becky había leído algunos de mis libros, nos encontramos en un evento y nos conocimos durante el almuerzo. Cuando me dijo que había vendido su negocio y expresó el deseo de cambiar su mundo, la invité a dirigir mesas de transformación. No tardó mucho en comprender que su extraordinario talento para formar equipos era valioso para ayudar a los demás a vivir según buenos valores. Becky expresó: «El sueño de John de cambiar el mundo pasó de ser su sueño, a ser mi sueño. Me di cuenta del valor que yo podía aportar y que nadie más podía, y nos pusimos a trabajar».

Inmediatamente se dio cuenta de que los materiales ya estaban escritos y listos para quien quisiera utilizarlos. Comenzó a usarlos ella misma y pronto empezó a capacitar a otros en su uso. Becky disfruta al decirles a los demás:

Usted puede cambiar su mundo cuando:
1. Se desempeña como facilitador de mesas de transformación.
2. Completa el programa de estudio.
3. Vive según los valores.
4. Comparte su experiencia de transformación.
5. Invita a otros a ser facilitadores de mesas de transformación.
6. Repite el proceso.

Este programa de estudios es muy poderoso. Son valores, arraigados en principios universales, que pueden aplicarse a todas las esferas de la vida. Todo lo que tenemos que hacer es ser facilitadores.

Para marcar la diferencia en su comunidad, Becky pone en práctica las mismas habilidades que utilizó en los negocios. Ha capacitado a una enorme cantidad de personas para desempeñarse como facilitadores de las mesas de transformación. Expresó: «Me he reunido con dueños de negocios, pastores, abogados, ejecutivos de empresas, funcionarios del gobierno, equipos de bienes raíces, padres, miembros de organizaciones benéficas; todos ellos ahora utilizan las mesas de transformación en sus organizaciones y han sido testigos de la transformación en la vida de miles de personas».[2]

DÉ SU PRÓXIMO PASO

¿Qué paso *dará* para cambiar su mundo? ¿Dónde puede ayudar a otras personas y marcar la diferencia? Recuerde, no tiene que preocuparse por cambiar el mundo *entero*. Si puede mejorar las cosas para *alguien* en *su* mundo, experimentará la certeza, la alegría y la satisfacción de generar un cambio positivo.

Si quiere ver a las personas transformarse mediante el poder que ejercen los valores en sus vidas, nos encantaría que se uniera a nosotros, como hizo Becky, para liderar mesas de transformación. No importa si usted es una persona joven que acaba de empezar o si es un líder experimentado que quiere aumentar su influencia y el alcance de lo que hace, las mesas de transformación lo ayudarán a lograr un cambio positivo. Nuestro deseo no es que usted se ajuste a nuestro molde, ni al de Becky ni al de alguna otra persona. En realidad, una de las cosas que Becky nos manifestó fue lo siguiente: «Estos valores me están permitiendo convertirme en la mejor versión de mí misma, me llevan en una dirección en la que ya estaba avanzando».

Si tiene una idea de lo que debe hacer, entonces hágalo. Puede cambiar su mundo. Recuerde, la transformación es posible para todo aquel que esté dispuesto a aprender buenos valores y vivir según ellos, valorar a las personas y colaborar con ellas para crear una cultura de valores positivos. Su historia puede ser tan poderosa como las que hemos compartido en este libro. Lo importante ahora es que *haga* algo. Comience hoy y vea a dónde lo lleva ese camino. Aunque resulte totalmente diferente de lo que esperaba, disfrutará del viaje y nunca se arrepentirá de haber trabajado para marcar la diferencia, porque cambiará su mundo... y cambiará usted.

Diríjase a ChangeYourWorld.com para recibir:

- Materiales para dirigir mesas de transformación;
- Materiales de YoLidero para jóvenes;
- Información sobre cómo formar parte de un equipo de transformación.

NOTAS

CAPÍTULO 1: NO PODEMOS SENTARNOS A ESPERAR QUE LAS COSAS CAMBIEN

1. «Parenting in America», Pew Research Center, Social and Demographic Trends, diciembre 17, 2015, https://www.pewsocialtrends.org/2015/12/17/parenting-in-america/#fn-21212-1.

2. «The Population of Poverty USA», Poverty USA, https://www.povertyusa.org/facts, consultado septiembre 17, 2019.

3. Robert Putnam, *Bowling Alone: The Collapse and Revival of American Community* (Nueva York: Simon & Schuster, 2000).

4. «Criminal Victimization, 2018, Summary», Bureau of Justice Statistics, Report NCJ 253043, septiembre 2019, https://www.bjs.gov/content/pub/pdf/cv18_sum.pdf.

5. The Chandler Foundation, «Prosperity: A Total Game Approach», *Building a Better World*, octubre 2019, p. 21.

6. «Mental Health by the Numbers», National Alliance on Mental Illness, https://www.nami.org/learn-more/mental-health-by-the-numbers, consultado 17 septiembre 2019.

7. Rachel Schraer, «Is Young People's Mental Health Getting Worse?» BBC News, 11 febrero 2019, https://www.bbc.com/news/health-47133338.

8. Chandler Foundation, «Prosperity», pp. 27-28.

9. «40 million in modern slavery and 152 million in child labour around the world», International Labour Organization, 19

septiembre 2017, https://www.ilo.org/global/about-the-ilo/
newsroom/news/WCMS_574717/lang--en/index.htm.

10. Max Roser y Esteban Ortiz-Ospina, «Global Extreme Poverty»,
Our World in Data, 27 marzo 2017, https://ourworldindata.org/
extreme-poverty.

11. Homi Kharas y Kristofer Hamel, «A Global Tipping Point:
Half the World Is Now Middle Class or Wealthier», Brookings,
27 septiembre 2018, https://www.brookings.edu/blog/future-
development/2018/09/27/a-global-tipping-point-half-the-world-is-
now-middle-class-or-wealthier.

12. Rosamund Stone Zander y Benjamin Zander, *The Art of Possibility:
Transforming Professional and Personal Life* (Nueva York: Penguin,
2002), pp. 14-15 [*El arte de lo posible: Transformar la vida personal y
profesional* (México, D. F.: Paidós, 2003)].

13. Jonathan Sacks, *The Dignity of Difference: How to Avoid the Clash of
Civilizations* (Nueva York: Continuum, 2002), p. 206 [*La dignidad
de la diferencia: Cómo evitar el choque de civilizaciones* (Madrid:
Nagrela Editores, 2013)].

14. Ellen J. Langer, *Counter Clockwise: Mindful Health and the Power of
Possibility* (Nueva York: Ballantine, 2009), p. 107.

15. Brad Montague (@KidPresident), Facebook (publicación), 12
diciembre 2016, https://www.facebook.com/KidPresident/photos/
dare-to-dream-but-please-also-do-for-dreamers-are-many-but-
doers-are-few-a-tiny-/781163668690950.

16. «Our Purpose», Lonesome Dove Ranch, consultado 23 septiembre
2020, http://lonesomedovetexas.com/purpose/.

17. Ed Stetzer, «One-on-One with Bryan Jarrett, on Resourcing Rural
America, Part 2», *Christianity Today*, 14 noviembre 2019, https://
www.christianitytoday.com/edstetzer/2019/november/one-on-one-
with-bryan-jarrett-part-2.html.

18. Stetzer, «One-on-One with Bryan Jarrett».

19. Stetzer, «One-on-One with Bryan Jarrett».

20. Stetzer, «One-on-One with Bryan Jarrett».

21. «Our Purpose», Lonesome Dove Ranch.

22. Chandler Foundation, «Prosperity: A Total Game Approach», p. 19.

23. Clayton M. Christensen, Efosa Ojomo y Karen Dillon, *The Prosperity Paradox: How Innovation Can Lift Nations Out of Poverty* (Nueva York: Harper Business, 2019), pp. 6-7.

24. Citado en «Are You a Reluctant Adapter?» Oprah.com, consultado 13 enero 2020, http://www.oprah.com/inspiration/what-to-do-if-you-hate-change.

25. «Partner», WorldWithoutOrphans.org, consultado 25 marzo 2020, https://www.worldwithoutorphans.org/partner.

26. «Partner», WorldWithoutOrphans.org.

27. Rob Llewellyn, «20 Ways to Create a Sense of Urgency», The Enterprisers Project, 24 septiembre 2015, https://enterprisersproject.com/article/2014/8/20-ways-create-sense-urgency.

28. Loren Eiseley, *The Unexpected Universe* (Orlando: Harvest, 1969).

29. Brené Brown, *Dare to Lead: Brave Work. Tough Conversations. Whole Hearts.* (Nueva York: Random House, 2018), p. 6.

30. Malcolm Gladwell, «18 Quotes from Malcolm Gladwell's Inbound 2014 Keynote "The Power of the Underdog"», SlideShare, 18 septiembre 2014, https://www.slideshare.net/kelseylibert/malcolm-gladwell-39255392.

31. «How Does Level of Education Relate to Poverty?» Center for Poverty Research, University of California, Davis, consultado 27 abril 2020, https://poverty.ucdavis.edu/faq/how-does-level-education-relate-poverty.

32. Donald J. Hernandez, «Double Jeopardy: How Third-Grade Reading Skills and Poverty Influence High School Graduation», The Annie E. Casey Foundation, 2012, https://www.aecf.org/m/resourcedoc/AECF-DoubleJeopardy-2012-Full.pdf#page=4.

Capítulo 2: Conviértase en un catalizador del cambio

1. «Iowa Rep. Tom Latham Pays Tribute to Dr. Borlaug», The World Food Prize, 20 marzo 2008, https://web.archive.org/web/20080703155602/http://www.worldfoodprize.org/press_room/2008/march/latham_borlaug.htm.

2. Mark Stuertz, «Green Giant», *Dallas Observer*, 5 diciembre 2002, https://www.dallasobserver.com/news/green-giant-6389547.

3. Justin Gillis, «Norman Borlaug, Plant Scientist Who Fought Famine, Dies at 95», *New York Times*, 13 septiembre 2009, https://www.nytimes.com/2009/09/14/business/energy-environment/14borlaug.html.

4. Charles C. Mann, «The Book That Incited a Worldwide Fear of Overpopulation», *Smithsonian Magazine*, enero 2018, https://www.smithsonianmag.com/innovation/book-incited-worldwide-fear-overpopulation-180967499/.

5. Clyde Haberman, «The Unrealized Horrors of Population Explosion», *New York Times*, 31 mayo 2015, https://www.nytimes.com/2015/06/01/us/the-unrealized-horrors-of-population-explosion.html.

6. Gillis, «Norman Borlaug».

7. Gillis, «Norman Borlaug».

8. Gillis, «Norman Borlaug».

9. Aase Lionæs, «Award Ceremony Speech», El Premio Nobel de la Paz 1970, consultado 14 enero 2020, https://www.nobelprize.org/prizes/peace/1970/ceremony-speech/.

10. En George Sweeting, *Who Said That? More than 2,500 Usable Quotes and Illustrations* (Chicago: Moody, 1995), 4780 de 7400, Kindle.

11. Zacarías 4:10, NTV.

12. William A. Cohen, *Drucker on Leadership: New Lessons from the Father of Modern Management* (San Francisco: Jossey-Bass, 2010), 8 de 292, Kindle.

13. Hans Rosling, con Ola Rosling y Anna Rosling Rönnlund, *Factfulness: Ten Reasons We're Wrong About the World—and Why Things Are Better Than You Think* (Nueva York: Flatiron Books, 2018), pp. 69-71 [*Factfulness: Diez razones por las que estamos equivocados sobre el mundo, y por qué las cosas están mejor de lo que piensas* (Barcelona: Ediciones Deusto, 2019)].

14. Greg Braxton, «Take a Tour of Tyler Perry's Massive New Studio on a Former Army Base in Atlanta», *Lost Angeles Times*, 13 octubre 2016, https://www.latimes.com/entertainment/tv/la-ca-st-tyler-perry-guided-tour-20161016-snap-story.html.

15. «Tyler Perry: Biography», IMDb.com, consultado 16 enero 2020, https://www.imdb.com/name/nm1347153/bio?ref_=nm_ov_bio_sm.

16. «Tyler Perry Studios», Tyler Perry Studios, consultado 16 enero 2020, https://tylerperrystudios.com.

17. Brian MacQuarrie, «Malala Yousafzai Addresses Harvard Audience», *Boston Globe*, 27 septiembre 2013, https://www.bostonglobe.com/metro/2013/09/27/malala-yousafzai-pakistani-teen-shot-taliban-tells-harvard-audience-that-education-right-for-all/6cZBan0M4J3cAnmRZLfUmI/story.html.

18. Martin Luther King Jr., «"Desegregation and the Future", Address Delivered at the Annual Luncheon of the National Committee for Rural Schools», Nueva York, NY, 15 diciembre 1956, https://kinginstitute.stanford.edu/king-papers/documents/desegregation-and-future-address-delivered-annual-luncheon-national-committee.

19. «Take the Pledge», Operation Change, consultado 16 junio 2020, https://www.operationchange.com/pledge.

20. Benjamin Hardy, «If You're Going to Do Something, See How Far You Can Go», Benjamin Hardy's Blog, 16 marzo 2019, https://www.goodreads.com/author_blog_posts/18093140-if-you-re-going-to-do-something-see-how-far-you-can-go.

21. «About Us», Maria Cristina Foundation, consultado 17 enero 2020, https://mariacristinafoundation.org/maria-conceicao/.

22. «How Maria Conceicao Went from Poverty to Alleviating It», Swaay, https://www.swaay.com/maria-conceicao, consultado 17 enero 2020.

23. «How Maria Conceicao Went from Poverty to Alleviating It», Swaay, https://www.swaay.com/maria-conceicao.

24. Farah Andrews, «How Maria Conceicao Plans to Swim the English Channel to Raise Awareness for Slum Kids», The National, 20 agosto 2019, https://www.thenational.ae/lifestyle/how-maria-conceicao-plans-to-swim-the-english-channel-to-raise-awareness-for-slum-kids-1.900441.

25. «About Us», Maria Cristina Foundation.

26. Sangeetha Swaroop, «Maria Conceicao: I Climbed Mt Everest for the Slum Children», Friday Magazine, 16 agosto 2013, https://fridaymagazine.ae/life-culture/maria-conceicao-i-climbed-mt-everest-for-the-slum-children-1.1220821.

27. «How Maria Conceicao Went from Poverty to Alleviating It», Swaay, https://www.swaay.com/maria-conceicao.

28. Swaroop, «Maria Conceicao».

29. Resultados de búsqueda de «Maria Conceicao», Guinness World Records, consultado 27 abril 2020, https://www.guinnessworldrecords.com/search?term=Maria%20Conceicao&page=1&type=all&max=20&partial=_Results&.

30. «How Maria Conceicao Went from Poverty to Alleviating It», Swaay, https://www.swaay.com/maria-conceicao.

31. «How Maria Conceicao Went from Poverty to Alleviating It», Swaay, https://www.swaay.com/maria-conceicao.

Capítulo 3: Todos nos necesitamos mutuamente

1. «Top 110 Mother Teresa Quotes and Sayings on Love and Life», Quote Ambition, consultado 10 abril 2020, http://www.quoteambition.com/mother-teresa-quotes-sayings.

2. «WHO Announces COVID-19 Outbreak a Pandemic», Organización Mundial de la Salud, Oficina Regional para Europa,

12 marzo 2020, http://www.euro.who.int/en/health-topics/
health-emergencies/coronavirus-covid-19/news/news/2020/3/
who-announces-covid-19-outbreak-a-pandemic.

3. Email de parte de Sam Yoder para el autor, 7 abril 2020.

4. Dave Mast, «Nonessential? Not Berlin Gardens as company
produces face guards», The Bargain Hunter, 4 abril 2020, https://
thebargainhunter.com/news/features/nonessential-not-berlin-
gardens-as-local-company-produces-face-guards-to-combat-
covid-19.

5. Elizabeth Williamson, «In Ohio, the Amish Take On the
Coronavirus», New York Times, 9 abril 2020, https://www.nytimes.
com/2020/04/09/us/politics/amish-coronavirus-ohio.html.

6. Reid Hoffman y Ben Casnocha, The Start-Up of You: Adapt to the
Future, Invest in Yourself, and Transform Your Career (Nueva York:
Currency, 2012), p. 83, Kindle.

7. Gustavo Razzetti, «You Don't Need to Change
the World Alone: Find Your Partner in Crime»,
Psychology Today, 21 septiembre 2018, https://www.
psychologytoday.com/us/blog/the-adaptive-mind/201809/
you-dont-need-change-the-world-alone?amp.

8. Richard Barrett, «Liberating the Corporate Soul: Building a High-
Performance, Values-Driven Organization», en The Workplace and
Spirituality: New Perspectives on Research and Practice, ed. Joan
Marques, Satinder Dhiman y Richard King (Woodstock, VT:
Skylight Paths, 2009), pp. 149-150.

9. P. B. S. Lissaman y Carl A. Shollenberger, «Formation Flight of
Birds», Science 168, no. 3934 (mayo 1970): 1003-1005, https://doi.
org/10.1126/science.168.3934.1003.

10. Charles R. Swindoll, «No Place for Islands», Insight, 21 junio 2017,
https://www.insight.org/resources/daily-devotional/individual/
no-place-for-islands.

11. Theodore Roosevelt, discurso en La Sorbona, Paris, 23 abril 1910,
citado por Christen Duxbury, «It Is Not the Critic Who Counts»,

18 enero 2011, Theodore Roosevelt Conservation Partnership, https://www.trcp.org/2011/01/18/it-is-not-the-critic-who-counts.

12. Brené Brown, *Daring Greatly: How the Courage to Be Vulnerable Transforms the Way We Live, Love, Parent, and Lead* (Nueva York: Avery, 2012), p. 71, Kindle.

13. Gardiner Morse, «The Science Behind Six Degrees», *Harvard Business Review*, febrero 2003, https://hbr.org/2003/02/the-science-behind-six-degrees.

14. Aimee Groth, «Scientists Reveal the "Tipping Point" for Ideas Is When There's a 10% Consensus», Business Insider, 27 julio 2011, https://www.businessinsider.com/scientists-reveal-the-tipping-point-for-ideas-is-when-theres-a-10-consensus-2011-7.

15. Bettie Marlowe, «Donkeys Kick Each Other...», *Cleveland Daily Banner*, 5 mayo 2017, http://clevelandbanner.com/stories/donkeys-kick-each-other,57996.

16. John F. Kennedy, «Inaugural Address», posicionamiento presidencial 44, Washington, D. C., 20 enero 1961, https://avalon.law.yale.edu/20th_century/kennedy.asp.

17. Edwin Markham, «A Creed to Mr. David Lubin», en *Lincoln and Other Poems* (Nueva York: McClure, Phillips, 1901), p. 25.

18. «Rocky Quotes», IMDb.com, consultado 16 junio 2020, https://www.imdb.com/title/tt0075148/quotes?ref_=tt_ql_trv_4.

19. Melissa Breyer, «11 Facts About Coast Redwoods, The Tallest Trees in the World», Treehugger, 26 septiembre 2019, (actualizado 21 mayo 2020), https://www.treehugger.com/natural-sciences/11-facts-about-coast-redwoods-worlds-tallest-trees.html.

20. Greg Satell, *Cascades: How to Create a Movement That Drives Transformational Change* (Nueva York: McGraw-Hill Education, 2019), p. 98.

21. «List of Marchers Who Participated in the 1930 Dandi March», Dandi Memorial, consultado 10 abril 2020, http://www.dandimemorial.in/pdf/List-of-1930-Salt-Marchers.pdf.

22. Evan Andrews, «When Gandhi's Salt March Rattled British Colonial Rule», History, 2 octubre 2019, https://www.history.com/news/gandhi-salt-march-india-british-colonial-rule.

23. De Vincent van Gogh para Theo van Gogh, 22 octubre 1882, Cartas de Vincent van Gogh, Carta no. 274, Museo van Gogh de Amsterdam, http://vangoghletters.org/vg/letters/let274/letter.html.

24. Gina Pogol, «How Long Does It Take to Close on a House?», The Mortgage Reports, 26 julio 2019, https://themortgagereports.com/19487/how-long-does-it-take-to-close-a-mortgage-gina-pogol.

25. «Our Story», Movement Mortgage, consultado 14 abril 2020, https://movement.com/about-us.

26. «Our Story», Movement Mortgage.

27. «Casey Crawford Receives John Maxwell Transformational Leadership Award», Cision PR Newswire, 7 agosto 2018, https://www.prnewswire.com/news-releases/casey-crawford-receives-john-maxwell-transformational-leadership-award-300693213.html.

28. Patricia Fripp, «A Team Is More than a Group of People», Fripp, 23 enero 2009, https://www.fripp.com/a-team-is-more-than-a-group-of-people.

Capítulo 4: Pongámonos de acuerdo

1. Mattathias Schwartz, «Pre-Occupied: The Origins and Future of Occupy Wall Street», *New Yorker*, 21 noviembre 2011, https://www.newyorker.com/magazine/2011/11/28/pre-occupied

2. Michael Levitin, «The Triumph of Occupy Wall Street», *The Atlantic*, 20 junio 2015, https://www.theatlantic.com/politics/archive/2015/06/the-triumph-of-occupy-wall-street/395408.

3. Levitin, «The Triumph of Occupy Wall Street».

4. Seth Godin, *Tribes: We Need You to Lead Us* (Nueva York: Portfolio, 2008), p. 86.

5. «Montgomery Bus Boycott», History, última actualización 10 febrero 2020, https://www.history.com/topics/black-history/montgomery-bus-boycott.

6. «Martin Luther King Jr.», Biografía, última actualización 23 enero 2020, https://www.biography.com/activist/martin-luther-king-jr.

7. «March on Washington for Jobs and Freedom», National Park Service, última actualización 10 agosto 2017, https://www.nps.gov/articles/march-on-washington.htm, consultado 5 marzo 2020.

8. «Southern Christian Leadership Conference (SCLC)», The Martin Luther King, Jr. Research and Education Institute, Stanford University, consultado 5 marzo 2020, https://kinginstitute.stanford.edu/encyclopedia/southern-christian-leadership-conference-sclc.

9. «Martin Luther King Jr.», The Nobel Prize, consultado 5 marzo 2020, https://www.nobelprize.org/prizes/peace/1964/king/biographical.

10. Chandler Foundation, «Prosperity», p. 51.

11. Fredreka Schouten, «Ad Spending Barrels Past $1 Billion Mark As Mike Bloomberg Overwhelms Airwaves», CNN, 28 febrero 2020, https://www.cnn.com/2020/02/28/politics/2020-ad-spending-1-billion/index.html.

12. Bill Allison y Mark Niquette, «Bloomberg Tops Half a Billion Dollars in Campaign Advertising», Bloomberg, 24 febrero 2020, https://www.bloomberg.com/news/articles/2020-02-24/bloomberg-tops-half-a-billion-dollars-in-campaign-advertising.

13. Zusha Elinson, «Mike Bloomberg's $620 Million Campaign Did Really Well—in American Samoa», *Wall Street Journal*, 6 marzo 2020, https://www.wsj.com/articles/mike-bloombergs-620-million-campaign-did-really-wellin-american-samoa-11583538043.

14. James Truslow Adams, *The Epic of America* (1931, reedición, Nueva York: Routledge, 2017), p. 404, Kindle.

15. Martin Luther King Jr., «Beyond Vietnam», Nueva York, NY, abril 4, 1967, The Martin Luther King, Jr. Research and Education Institute, Stanford University, consultado 10 marzo 2020, https://kinginstitute.stanford.edu/king-papers/documents/beyond-vietnam.

16. Jakub Pigoń, ed., *The Children of Herodotus: Greek and Roman Historiography and Related Genres* (Newcastle: Cambridge Scholars, 2008), p. 135.

17. Dibin Samuel, «Wiliam [*sic*] Carey Played Significant Role in Abolishing Sati System», *Christianity Today*, 4 diciembre 2009, http://www.christiantoday.co.in/article/wiliam.carey.played. significant.role.in.abolishing.sati.system/4906.htm.

18. Rodd Wagner y Gale Muller, *Power of 2: How to Make the Most of Your Partnerships at Work and in Life* (Nueva York: Gallup Press, 2009), pp. 8-10.

19. Wagner y Muller, p. 45.

CAPÍTULO 5: EXPERIMENTE EL VALOR DE LOS VALORES

1. Mateo 7:12, NTV.

2. Sahih Muslim, Libro 1, Número 72, citado en «Golden Rule in Islam». Islam.ru, 26 febrero 2013.

3. Talmud, Shabbat 3id, citado en «The Universality of the Golden Rule in World Religions», http://www.teachingvalues.com/goldenrule.html.

4. Udana-Varga 5,1, citado en «The Universality of the Golden Rule in World Religions».

5. Mahabharata 5,1517, citado en «The Universality of the Golden Rule in World Religions».

6. Shayast-na-Shayast 13:29, citado en «The Golden Rule Is Universal», Golden Rule Project, https://www.goldenruleproject.org/formulations.

7. Analects 15:23, citado en «The Golden Rule Is Universal».

8. Epístola al Hijo del Lobo, citado en «The Golden Rule Is Universal».

9. Sutrakritanga 1.11.33, citado en «The Golden Rule Is Universal».

10. Proverbio africano citado en «The Golden Rule Is Universal».

11. Simon Sinek, *The Infinite Game* (Nueva York: Portfolio/Penguin, 2019), pp. 33-34 [*El juego infinito* (Madrid: Ediciones Urano, 2020)].

12. Sinek, p. 37.

13. James Dobson, discurso para la ceremonia de graduación, Seattle Pacific University, junio 1988.

14. «Well-Known Quotes by Millard Fuller», The Fuller Center for Housing, consultado 16 junio 2020, https://fullercenter.org/quotes.

15. Bill Perkins, *Awaken the Leader Within: How the Wisdom of Jesus Can Unleash Your Potential* (Grand Rapids: Zondervan, 2000), pp. 35-36.

16. Ishika Chawla, «CDC Releases Preliminary Findings on Palo Alto Suicide Clusters», *Stanford Daily*, 21 julio 2016, https://www.stanforddaily.com/2016/07/21/cdc-releases-preliminary-findings-on-palo-alto-suicide-clusters.

17. «Social and Emotional Skills: Well-being, Connectedness, and Success», OECD, consultado 16 marzo 2020, https://www.oecd.org/education/school/UPDATED%20Social%20and%20Emotional%20Skills%20-%20Well-being,%20connectedness%20and%20success.pdf%20(website).pdf.

18. Stephen R. Covey, A. Roger Merrill y Rebecca R. Merrill, *First Things First: To Live, to Love, to Learn, to Leave a Legacy* (Nueva York: Simon & Schuster, 1994), p. 12 [*Primero, lo primero: vivir, amar, aprender, dejar un legado* (Barcelona: Paidós, 2011)].

19. Diane Kalen-Sukra, *Save Your City: How Toxic Culture Kills Community and What to Do About It* (Victoria, BC, Canadá: Municipal World, 2019), p. 94.

20. Sarah Pulliam Bailey, «A Megachurch Has Helped Test Nearly 1,000 People for Coronavirus in Two Days», *Washington Post*, 19 marzo 2020, https://www.washingtonpost.com/religion/2020/03/19/megachurch-has-nearly-1000-people-tested-coronavirus-two-days.

21. Bailey, «A Megachurch Has Helped Test Nearly 1,000 People for Coronavirus in Two Days», https://www.washingtonpost.com/religion/2020/03/19/megachurch-has-nearly-1000-people-tested-coronavirus-two-days.

22. Proverbios 11:25, NVI.

23. Proverbios 11:2, NVI.

24. Proverbios 11:3, NVI.

25. Senado de los EE. UU., Comisión de Asuntos Gubernamentales, Subcomité permanente de Investigaciones, *The Role of the Board of Directors in Enron's Collapse: Hearing Before the Permanent Subcommittee of Investigations of the Committee on Governmental Affairs, United States Senate, One Hundred Seventh Congress, Second Session,* 7 mayo 2002 (Washington, D. C.: Government Printing Office, 2002), 293, https://books.google.com/books?id=NcM1AAAAIAAJ&pg=PA293&lpg=PA293&dq=%22Communication+"We+have+an+obligation+to+communicate.+Here,+we+take+the+time+to+talk+with+one+another...and+to+listen.+We+believe+that+information+is+meant+to+move,+and+that+information+moves+people."&source=bl&ots=JOjEub12YO&sig=ACfU3U0ZiPdn6BRis3AmVejAd-OakJ70fA&hl=en&sa=X&ved=2ahUKEwjQhaOEl7jnAhUhTd8KHbc3BJQQ6AEwCXoECAcQAQ#v=onepage&q=%22Communication%20–%20"We%20have%20an%20obligation%20to%20communicate.%20Here%2C%20we%20take%20the%20time%20to%20talk%20with%20one%20another...and%20to%20listen.%20We%20believe%20that%20information%20is%20meant%20to%20move%2C%20and%20that%20information%20moves%20people."&f=false.

26. Troy Segal, «Enron Scandal: The Fall of a Wall Street Darling», Investopedia, última actualización 29 mayo 2019 , https://www.investopedia.com/updates/enron-scandal-summary.

27. «Bantrab», Financial Advisory.com, consultado 10 febrero 2020, https://guatemala.financialadvisory.com/about/bantrab/.

28. Juan Pablo de León, entrevistado por Carolina Donis-Lockwood, 7 diciembre 2019.

29. Richard Barrett, «The Importance of Values in Building a High Performance Culture», Barrett Values Centre, febrero 2010, p. 5, https://fliphtml5.com/uono/ahbn.

30. *Evaluation Report for Lead Today: Ghana*, OneHope (Pompano Beach, FL: OneHope, 2016), p. 2.

31. «Summary Report: EQUIP Leadership Program, Ghana Pilot Validation», OneHope, 2 julio 2015, p. 1.

CAPÍTULO 6: LA TRANSFORMACIÓN OCURRE UNA MESA A LA VEZ

1. Sheryl Sandberg con Nell Scovell, *Lean In: Women, Work, and the Will to Lead* (Nueva York: Alfred A. Knopf, 2013),149 de 173, Kindle [*Vayamos adelante: Las mujeres, el trabajo y la voluntad de liderar* (Nueva York: Vintage Español, 2013)].

2. Nicholas A. Christakis y James H. Fowler, *Connected: The Surprising Power of Our Social Networks and How They Shape Our Lives—How Your Friends' Friends' Friends Affect Everything You Feel, Think, and Do* (Nueva York: Little, Brown Spark, 2009), 87 de 5128, Kindle.

3. James Clear, *Atomic Habits: Tiny Changes, Remarkable Results—An Easy and Proven Way to Build Good Habits and Break Bad Ones* (Nueva York: Avery, 2018), pp. 144-147.

4. Clear, pp. 36-37.

5. Clear, pp. 30-31, 36.

CAPÍTULO 7: LO QUE SE HACE SE MIDE

1. Tom Rath, *Life's Greatest Question: Discover How You Contribute to the World* (Arlington, VA: Silicon Guild, 2020), 9 de 109, Kindle.

2. Citado en Rath, *Life's Greatest Question*, 12 de 109, Kindle.

3. Rath, 28 de 109, Kindle.

4. John Doerr, *Measure What Matters: How Google, Bono, and the Gates Foundation Rock the World with OKRs* (Nueva York: Portfolio/Penguin, 2018), p. 3 [*Mide lo que importa: Cómo Google, Bono y la Fundación Gates cambian el mundo con OKR* (Barcelona: Conecta, 2019)].

5. «The 100 Largest Companies in the World by Market Value in 2019», *Statista*, consultado 17 abril 2020. https://www.statista.com/statistics/263264/top-companies-in-the-world-by-market-value.

6. Brand Finance, «BrandFinance Global 500 (100) 2020», Ranking the Brands, consultado 17 abril 2020, https://www.rankingthebrands.com/The-Brand-Rankings.aspx?rankingID=83&year=1289.

7. Ng Han Guan, «The 100 Best Companies to Work For», Fortune, consultado 17 abril 2020, https://fortune.com/best-companies/2017/google.

8. Doerr, 6 de 306, Kindle.

9. Jim Collins, «The Flywheel Effect», Jim Collins, consultado 17 abril 2020, https://www.jimcollins.com/concepts/the-flywheel.html.

10. Citado en Doerr, 177 de 306, Kindle.

11. Citado en Doerr, 181 de 306, Kindle.

12. Yogi Berra, *The Yogi Book: "I Really Didn't Say Everything I Said!"* (Nueva York: Workman, 2010), 502 de 819, Kindle.

13. Charles D. Lanier, «Two Giants of the Electric Age», *Review of Reviews*, julio 1893, p. 44, https://books.google.com/books?id=mbsrAQAAIAAJ&pg=PA1&lpg=PA1&dq=%22Two+Giants+of+the+Electric+Age%22+Review+of+Reviews+July+1893&source=bl&ots=sSfYFCJKJv&sig=ACfU3U0q1jSx1ZBMTbTEYmoDHNE86WDdA&hl=en&sa=X&ved=2ahUKEwjMn4uQg4nqAhXUTDABHarwAPwQ6AEwAHoECAUQAQ#v=onepage&q&f=false.

14. Peter F. Drucker, *The Effective Executive* (1967, reimpresión, Nueva York: HarperCollins, 2002), 33 de 165, Kindle.

15. Dave Smith, comp, *The Quotable Walt Disney* (Los Ángeles: Disney Editions, 2001), 246 de 263, Kindle.

16. Marianne Schnall, «An Interview with Maya Angelou», *Psychology Today*, 17 febrero 2009, https://www.psychologytoday.com/us/blog/the-guest-room/200902/interview-maya-angelou.

17. Malcolm Gladwell, *The Tipping Point: How Little Things Can Make a Big Difference* (Nueva York: Little, Brown and Company, 2002), 11 de 259, Kindle.

18. «Minority Rules: Scientists Discover Tipping Point for the Spread of Ideas», Rensselaer Polytechnic Institute, 25 julio 2011, https://news.rpi.edu/luwakkey/2902.

19. John Dewey, *How We Think* (Boston: D. D. Heath & Co., 1910), p. 78 [*Cómo pensamos* (Barcelona: Ediciones Paidós, 1989)].

20. «Woman Behind Blessings in a Backpack Honored», Blessings in a Backpack, 2 octubre 2018, https://www.blessingsinabackpack.org/missy-hammerstrom-blessingsday18.

21. «Gifts to Our Community: Blessings in a Backpack», Today's Woman, 9 diciembre 2019, https://www.todayswomannow.com/2019/12/gifts-to-our-community-blessings-in-a-backpack.html.

Capítulo 8: Sigamos hablando

1. Judy Wilson, «The Horror of Marjory Stoneman Douglas Inspired School Administrator to Introduce Students to Be Strong Resilience Program», New Pelican, 14 febrero 2020, https://www.newpelican.com/articles/the-horror-of-marjory-stoneman-douglas-inspired-school-administrator-to-introduce-students-to-be-strong-resilience-program.

2. Roy Moore, entrevista por el autor, 3 abril 2020.

3. Peter Drucker, *Managing in Turbulent Times* (Nueva York: Routledge, 1993), p. x [*La gerencia en tiempos difíciles* (Buenos Aires: Librería-Editorial El Ateneo, 1998)].

4. Shane J. Lopez, *Making Hope Happen: Create the Future You Want for Yourself and Others* (Nueva York: Atria, 2013), 71 de 200, Kindle.

5. Lopez, 71–72 de 200, Kindle.

6. Casey Gwinn y Chan Hellman, *Hope Rising: How the Science of Hope Can Change Your Life* (Nueva York: Morgan James, 2018), p. xvi.

7. Gwinn y Hellman, p. 9.

8. Para mayor información sobre estos estudios, ver Katie Hanson, «What Exactly Is Hope and How Can You Measure It?», Positive Psychology, 24 octubre 2009, http://positivepsychology.org.uk/hope-theory-snyder-adult-scale.

9. Vanessa Boris, «What Makes Storytelling So Effective for Learning?» Harvard Business Publishing, 20 diciembre 2017, https://www.harvardbusiness.org/what-makes-storytelling-so-effective-for-learning.

10. Kari Berger, «The Truth in Story: An Interview with Merna Hecht», Context Institute, otoño 1989, https://www.context.org/iclib/ic23/hecht.

11. Christopher Ross, «Stories Stick and There Is the Science to Prove It», Fipp, 15 agosto 2016, https://www.fipp.com/news/features/stories-stick-and-there-is-the-science-to-prove-it.

12. «50 Best Quotes for Storytelling», The Storyteller Agency, consultado 1 abril 2020, http://thestorytelleragency.com/goodreads/50-best-quotes-for-storytelling.

CAPÍTULO 9: AHORA LE TOCA A USTED CAMBIAR SU MUNDO

1. «Crisis, Mission, and Vision», Ēma South Florida, consultado 7 abril 2020, https://www.emasouthflorida.org/who-we-are/crisis-vision-and-mission.

2. Becky Bursell, entrevistada por el autor, 23 abril 2020.

ACERCA DE LOS AUTORES

JOHN C. MAXWELL

John C. Maxwell es un autor número 1 en la lista de *best sellers* del *New York Times*, escritor, *coach* y conferencista, quien ha vendido más de treinta y un millones de libros en cincuenta idiomas. Se le ha reconocido en 2014 como el líder número 1 en negocios por la American Management Association®; y como el experto en liderazgo más influyente del mundo por Business Insider y la revista *Inc*. Sus organizaciones —The John Maxwell Company, The John Maxwell Team, EQUIP y la John Maxwell Leadership Foundation— han capacitado a más de cinco millones de líderes de todo el mundo. En 2015, alcanzaron la meta de haber capacitado líderes de todas las naciones. El doctor Maxwell, receptor del Premio Madre Teresa para la Paz Mundial y Liderazgo de la Luminary Leadership Network, habla cada año ante compañías Fortune 500, presidentes de naciones y muchos de los líderes más importantes del mundo. Para más información, visite JohnMaxwell.com.

ROB HOSKINS

Rob ha dedicado su vida a la formación de líderes jóvenes y al servicio de grandes líderes; John Maxwell lo ha calificado como «líder de líderes». Él ejerce este rol a través de la supervisión de emprendimientos, encabezando iniciativas de transformación a nivel local y mundial o mediante el asesoramiento a diversas ONG e instituciones de educación superior. Rob a menudo dirige la modernización de compañías existentes o de transiciones exitosas, además de brindar consultoría a las corporaciones para ayudarles a renovar su misión y su visión, y así equilibrar su crecimiento.

Rob es reconocido también por aplicar arduamente la investigación, la información y la medición para acelerar los resultados y ha sido el pionero en el proceso innovador de medición de resultados en lugar de medir solo la producción. Ha sido el presidente de OneHope, Inc. desde 2004. Conozca más en RobHoskins.net.